Kommerzielle Datenverarbeitung

Eine Schriftenreihe herausgegeben von Arno Schulz

Integrierte Datenverarbeitungssysteme für die Unternehmensführung

von

Hans D. Kalscheuer

und

Peter J. Gsell

3., verbesserte und erweiterte Auflage

Mit 16 Abbildungen

Walter de Gruyter · Berlin · New York 1972

ISBN 3 11 004148 0

Vorwort des Herausgebers zur dritten Auflage

Die beiden ersten Auflagen dieser Arbeit waren schnell vergriffen. Fragen der integrierten Datenverarbeitung sind inzwischen noch aktueller geworden, vor allem auch, seit Vorlesungen über diesen Gegenstand in den Studienplänen der angewandten Informatik und Wirtschaftsinformatik einen zentralen Platz einnehmen. Die dritte Auflage berücksichtigt die neueste Entwicklung, insbesondere auf dem Gebiet der Software. Diese Überarbeitung hat Herr Gsell übernommen, dem dafür an dieser Stelle zu danken ist.

Linz, im August 1972 Arno Schulz

Inhalt

1. Wesen und Ziele integrierter Systeme

1.1 Ursprung und Abgrenzung

Die Informationsverarbeitung ist so alt wie die menschliche Gesellschaft, denn Informationen sind die Grundlage aller Entscheidungen, die in der Gesellschaft erforderlich sind. Dabei kommt es bei der Vorbereitung von Informationen für eine Entscheidung auf die vollständige Erfassung, die sinnvolle Auswahl, die richtige Aufbereitung und die schnelle Bereitstellung an. Die wachsenden Betriebsgrößen, die sich ausweitenden Märkte und die zunehmenden Verflechtungen im Wirtschaftsprozeß haben dazu geführt, daß die traditionellen Methoden des Informationswesens nicht mehr ausreichen. Die „Management Information Crisis" [111, S. 111 ff.] wurde zum Schlagwort.

Im letzten Jahrzehnt haben sich für die Informationsverarbeitung der Unternehmung grundlegend neue Wege eröffnet. Die elektronische Datenverarbeitung, die Methoden der mathematischen Entscheidungsforschung und die heuristische Programmierung ermöglichen die Aufbereitung von Informationen, die den Informationsstand der Unternehmensführung verbessern und deren Entscheidungen wesentlich erleichtern. Daß diese Möglichkeiten bis heute in den Unternehmungen kaum ausgenutzt werden, ist vor allem auf die schnelle Entwicklung auf diesen Gebieten zurückzuführen, denen die Kybernetik noch hinzuzufügen ist. Es kann daher wirklich von einer „technologischen Herausforderung an die Betriebswirtschaftslehre der Gegenwart" [181, S. 275 ff.] gesprochen werden.

Die elektronische Datenverarbeitung wird bis heute vor allem zur Bewältigung von quantitativen Problemen eingesetzt, d. h. es wird nur eine wirtschaftlichere Gestaltung der Informationsaufbereitung angestrebt. Vereinzelt werden qualitative Probleme durch die Anwendung von Methoden der mathematischen Entscheidungsforschung in Angriff genommen, d. h. der Entscheidungsprozeß soll verbessert werden. Es sind jedoch noch wenig Fälle bekannt, in denen die modernen Methoden der mathematischen Entscheidungsforschung sowie evtl. der heuristischen Programmierung mit der elektronischen Datenverarbeitung zu einem Informationssystem verbunden wurden. In einem solchen integrierten Informationssystem werden neben den quantitativen Problemen auch die qualitativen Probleme der Unternehmensführung ständig bearbeitet. Hierbei wird ein Teil der sogenannten Routineentscheidungen in das System einbezogen, während für die übrigen Entscheidungen Informationen vom System bereitgestellt werden. Der Umfang und der Automationsgrad dieser Systeme wird vor allem durch Wirtschaftlichkeitserwägungen begrenzt.

Diese Arbeit hat sich zum Ziel gesetzt, die Möglichkeiten von integrierten Systemen mit einem gewissen Automationsgrad zu untersuchen. Es soll versucht werden, die Entwicklung in der organisatorischen Anwendung der Entscheidungsforschung und der elektronischen Datenverarbeitung weiterzuführen. Der Begriff des Systems, auf die Unternehmung bezogen, muß dazu zuerst klargestellt werden. Im Zusammenhang damit steht auch die Problematik der Programmierbarkeit von Entscheidungen. Die mathematische Entscheidungsforschung und die elektronische Datenverarbeitung werden in ihrer Bedeutung als Hilfsmittel für den Aufbau integrierter Systeme dargestellt. Ohne die Verfahren im Einzelnen zu erläutern, wird versucht, das Wesen dieser Hilfsmittel klarzulegen. Das Vorgehen beim Aufbau eines integrierten Datenverarbeitungssystems und dabei insbesondere die Möglichkeiten zur Integration der verschiedenen Teilsysteme werden behandelt, bevor auf die Bedeutung der integrierten Systeme für die Funktionen der Unternehmensführung und ihre praktische Bedeutung eingegangen wird.

1.2 Das System „Unternehmen"

Das Unternehmen ist ein „Informations- und Entscheidungssystem", in dem von einer bestimmten Größe an eine Einzelperson nicht mehr alle Entscheidungen treffen kann. Die Anzahl der Entscheidungen wird zu groß und die notwendigen Informationen können von einem Einzelnen nicht aufgenommen werden. An die verschiedenen Funktionsträger muß Verantwortung delegiert werden. An die Stelle der direkten Steuerung des Betriebsgeschehens durch eine Einzelperson tritt das Fällen von Grundsatzentscheidungen, die den Rahmen für delegierte Spezialentscheidungen bilden. Auch in einem zentral gelenkten Unternehmen kann die oberste Leitung nicht alle Entscheidungen selbst fällen, und der dezentralisierte Betrieb zeichnet sich durch die Übertragung selbständiger Leitungsbefugnisse auf untergeordnete Funktionsträger aus.

Die Aufgabe eines jeden Funktionsträgers in einem Unternehmen ist, die Grundsatzentscheidungen der Unternehmensspitze richtig zu interpretieren und Spezialentscheidungen zu finden, die den für das Unternehmen gesetzten Zielen entsprechen. Diese Aufgabe ist bei dem Wachstum der Unternehmen und der zunehmenden Komplexität des gesamten Wirtschaftslebens außerordentlich schwierig. Es besteht die Gefahr, daß der komplexe Organismus, den das Unternehmen darstellt, für den Einzelnen nicht mehr überschaubar ist. Er kann die Bedeutung einer Entscheidung für das Gesamtunternehmen nicht beurteilen.

Eine wichtige und schwierige Funktion der Unternehmensführung ist damit die Koordination aller 'Entscheidungen. Die Kompatibilität der Ziele, die von der Unternehmensführung den einzelnen Abteilungen vorgegeben werden, muß untereinander und mit dem Gesamtziel gegeben sein. Darüber hinaus kann aber die Koordination aller Entscheidungen nur gewährleistet sein, wenn das Unternehmen als *ein* „Informations- und Entscheidungssystem" betrachtet wird. Dieses Informations- und Entscheidungssystem muß neben der Koordinierungsfunktion weitere Aufgaben erfüllen.

Nach Mellerowicz [55, Bd. 1, S. 19] ist das Mittel zur Erreichung der unternehmerischen Ziele in allen Wirtschaftssystemen dasselbe: die größte Wirtschaftlichkeit. Unter dem Gesichtspunkt der Wirtschaftlichkeit müssen damit alle Probleme, die täglich in Verfolgung des Gesamtzieles des Unternehmens auftreten, gelöst werden. Es genügt nicht, irgendeine Lösung zu finden, vielmehr interessiert nur die nach dem Prinzip der Wirtschaftlichkeit beste Lösung [92]. Diese Forderung hatte mehr normativen Charakter, solange es keine Möglichkeit gab, die Forderung exakt zu verifizieren. Die mathematische Entscheidungsforschung hat sich zum Ziel gesetzt, systematisch die beste Lösung anzustreben [16, S. 18]. Um also das Optimalprinzip in das „Informations- und Entscheidungssystem" wirksam einzuführen, sollten in diesem System die Methoden der mathematischen Entscheidungsforschung verwendet werden[1]. Diese Methoden empfehlen von verschiedenen Alternativen eine Entscheidung als optimal. Der Funktionsträger dieses Bereichs bleibt für die Entscheidung verantwortlich und hat insbesondere darüber zu wachen, ob die Prämissen, die in dem mathematischen Modell enthalten sind, noch gelten.

Eine weitere Aufgabe des „Informations- und Entscheidungssystems" ist die Verbesserung des Vorganges der Entscheidungsfindung allgemein. Der Informationsgrad kann für eine bestimmte Entscheidung höher oder niedriger sein. Wichtig ist, daß der Aufwand für eine Verbesserung des Informationsgrades und damit der Entscheidung in einem Verhältnis zu dem Ertrag dieser Entscheidungsverbesserung steht. Für die Verbesserung des Informationssystems allgemein und des Informationsgrades für bestimmte Entscheidungen ist die elektronische Datenverarbeitung und die mathematische Entscheidungsforschung ein wesentliches Hilfsmittel. Die mathematische Entscheidungsforschung

[1] Ob dann wirklich optimiert wird, hängt von den verwendeten Modellen und den eingesetzten Daten ab.

formuliert die Entscheidungsregeln in der Sprache der Mathematik und eignet sich damit vorzüglich für die Verarbeitung in einem elektronischen Datenverarbeitungssystem. Da außerdem durch den Einsatz von elektronischen Datenverarbeitungsanlagen eine größere Zahl von Informationen schneller verarbeitet werden kann, wird durch das Zusammenspiel von elektronischer Datenverarbeitung und mathematischer Entscheidungsforschung der Vorgang der Entscheidungsfindung in hohem Maße verbessert.

Durch die organisatorische Verbindung der elektronischen Datenverarbeitung mit den Modellen der mathematischen Entscheidungsforschung kann ein „Integriertes System" gebildet werden, das dem Management die Routineentscheidungen abnimmt. Routineentscheidungen sind dabei Entscheidungen, die auf Grund standardisierter Datenarten nach standardisierten Regeln getroffen werden[2].

Das Unternehmen wird als ein Regelkreis von Planung, Durchführung und Kontrolle aufgefaßt [Abb. 1]. Es wird versucht, diesen Regelkreis mit seinen Regelkriterien durch die Verwendung moderner Hilfsmittel zu automatisieren, soweit es dieser Mensch-Maschine-Organismus mit seinen Außenweltverknüpfungen erlaubt.

Durch den Entwurf eines gemeinsamen Informationsflusses nach dem kybernetischen Prinzip wird das Unternehmen als Informations- und Entscheidungssystem zu einem „System", in dem ein Großteil der Vorgänge automatisch ablaufen kann. Es ist gesichert, daß:

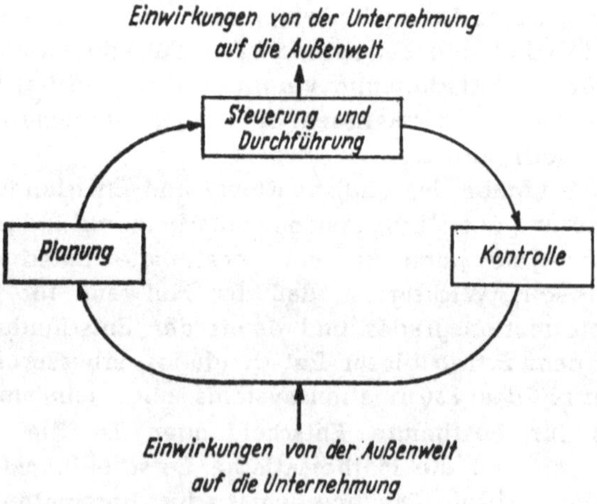

Abb. 1: Die Unternehmung als offener Regelkreis.

[2] Hierzu ist ein Beispiel auf S. 118 f. dargestellt.

1. alle Entscheidungen in bezug auf die Zielsetzungen des Gesamtunternehmens koordiniert werden,
2. unter diesen Zielsetzungen und den gesetzten Prämissen optimale Entscheidungen gefällt werden,
3. der Vorgang der Entscheidungsfindung verbessert wird und
4. der Vorgang der Entscheidungsfindung soweit wie wirtschaftlich sinnvoll und möglich automatisiert wird.

Ein „integriertes System"[3] ist ein Informations- und Entscheidungssystem, das die Unternehmung als Ganzes betrachtet und durch die Verwendung moderner organisatorischer und technischer Hilfsmittel eine Optimierung und weitgehende Automation der Entscheidungsfindung anstrebt.

Der Systemcharakter der betrieblichen Organisation und die kybernetische Betrachtungsweise des Unternehmens, die dieser Definition des integrierten Systems zugrunde liegt, wird in der Literatur immer mehr diskutiert [u. a. 8; 48; 53; 68; 73; 87; 88; 91; 127; 162][4]. Die notwendige Funktionsaufteilung im Unternehmen verhinderte in der Vergangenheit dessen Betrachtung als integriertes System. Das Beschaffungssystem stand neben Produktionssystem, Vertriebssystem, Lagersystem, Abrechnungssystem, Informations- und Entscheidungssystem.

Die verschiedenen Eigenschaften eines betrieblichen Gegenstandes, z. B. der Lagerartikel XYZ, sind für die einzelnen Teilsysteme des Unternehmens dabei von unterschiedlichem Interesse. Die Produktion interessiert z. B. die Verfügbarkeit, die Beschaffung, Bestellmenge, Preis, genaue Eigenschaften, das Lager, Lagermenge und Platzbedarf, die Abrechnung, Verbrauchsmenge und Verrechnungspreis. So ist ein Gegen-

[3] Der Begriff „Integriertes System" wurde für diese Arbeit geprägt. „Integriert" weist auf den Vorgang der Bildung eines Ganzen hin, auf die Synthese des in Untersysteme zergliederten Unternehmens sowie auf die enge Verbindung von mathematischer Entscheidungsforschung und elektronischer Datenverarbeitung. „System" enthält das Prinzip der Regelung und der Ordnung [71; sowie 21, S. 24].

[4] Kettner [146, S. 17] schreibt z. B. über die Systembetrachtung des Unternehmens: „... der Wirtschaftsbetrieb ist ein integrierter Prozeß, organisch eingebettet in den integrierten Prozeß der Gesamtwirtschaft. Einer solchen Grundkonzeption des Wirtschaftens entspricht die Vorstellung vieler integrated systems im Kleinen, die in ihrer Gesamtheit wieder in harmonischer Abstimmung den integrierten Prozeß des Wirtschaftsbetriebes ausmachen."

Beim AEG-Institut für Automation [87, S. 55 f.] wird als Aufgabe eines „integrierten Automatisierungssystems" betrachtet: „Lenkung des Produktionssystems durch Steuerdatenvorgabe auf der Grundlage einer genauen Kenntnis des Systems, um optimal zu produzieren." Dazu ist zunächst das „Funktionsmuster" — das ist der Rahmenplan mit den funktionalen Beziehungen — als Gerüst für die weiteren Arbeiten zu erstellen. Es liefert dabei das Grundsystem in Form von Funktionsbausteinen bzw. Untersystemen.

stand über seine Eigenschaften mit verschiedenen betrieblichen Bereichen, d. h. Untersystemen verknüpft. Ein System wird jeweils von einer Gesamtheit von Objekten gebildet, die untereinander oder durch bestimmte Eigenschaften verbunden sind.

In integrierten Systemen sollen die Teilsysteme eines Unternehmens zwar einzeln aufgebaut werden können, aber die funktionalen Beziehungen zwischen den Teilen müssen berücksichtigt werden. Das geschieht in kleinen Unternehmen im Gedächtnis des Unternehmers. In größeren Unternehmen muß diese Aufgabe durch die Organisation erfüllt werden.

1.3 Zielsetzungen integrierter Systeme

Die unternehmenspolitischen Ziele sind die obersten Richtlinien integrierter Systeme [57, Bd. 1, S. 45 ff.]. Das erläutert auch die Abbildung 2. Für die begrenztere Aufgabe des Entwurfs eines integrierten Systems sind detaillierte Zielsetzungen notwendig, die sich hierarchisch von den allgemeinen Zielen der Unternehmung ableiten lassen. Diese operationalen Ziele für den Aufbau integrierter Systeme sollen innerhalb der Unternehmung eine einheitliche Auffassung über den Zweck und die Leitung des Systems ermöglichen. Darüber hinaus sind sie Maßstab für die Bewertung eines integrierten Systems. Die hierzu entwickelten Zielsetzungen[5] werden im folgenden erläutert, während auf die notwendigen Voraussetzungen, die für den Aufbau integrierter Systeme mit einem gewissen Automationsgrad gegeben sein müssen, erst später eingegangen wird.

(1) Durch die *„Integration der Teilsysteme"* sollen die verschiedenen Bereiche einer Unternehmung und ihr Informationsfluß zu einer Einheit verbunden werden. In diesem System sollen die einmal eingegebenen Ursprungsdaten nach einheitlichen Grundsätzen verarbeitet und ausgewertet werden. Zu diesem Zweck muß eine Zentralkartei für alle betrieblichen Informationsarten geschaffen werden. Für diese wird ein Minimum an Eingabedaten gebraucht und alle Informationen sind ständig bereit zur Auswertung. Angestrebt wird die automatische Erfassung, Verarbeitung und Speicherung der Daten 'und eine Informationsbereitstellung für alle Ebenen des Management. Dabei sollte das integrierte System im Entwurf so flexibel sein, daß neue unternehmenspolitische Zielsetzungen, die sich aus einer veränderten Umwelt ergeben, im Informationssystem berücksichtigt werden können.

(2) Die *„Abstimmung der unternehmerischen Aufgaben"* soll den ständigen Vergleich von Soll-Ist-Werten für alle Stufen der Organisation

[5] Vgl. zu diesem Abschnitt auch [164].

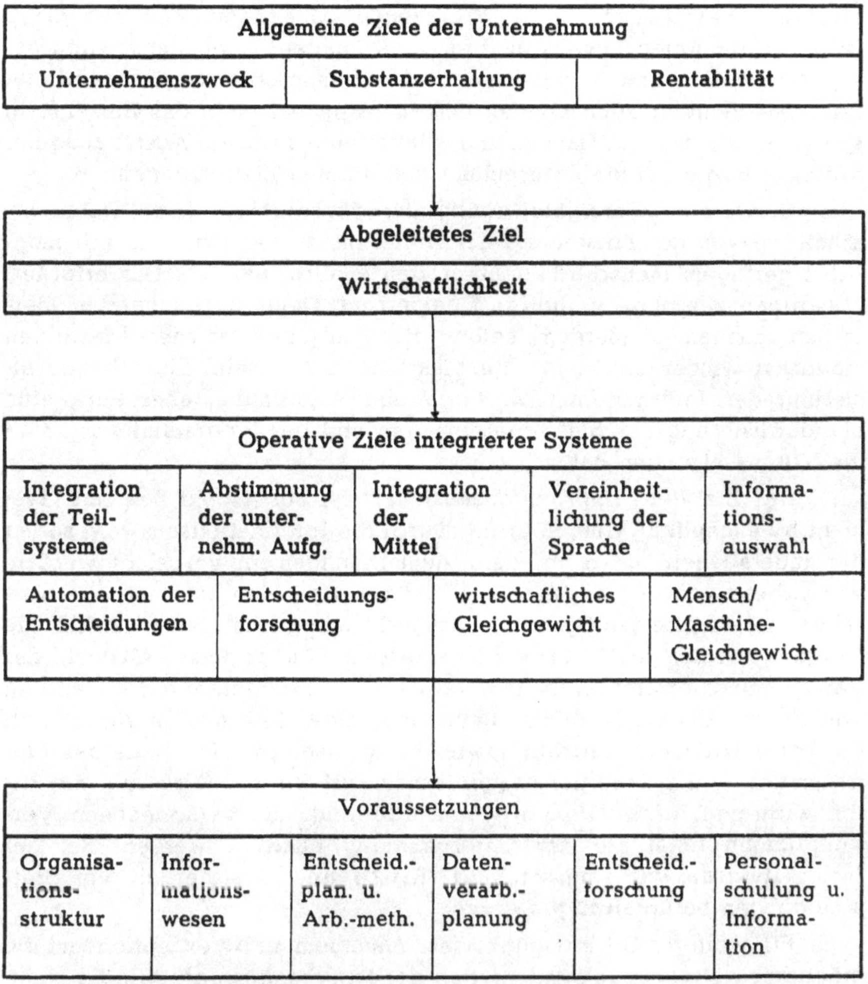

Abb. 2: Die Hierarchie der Ziele für integrierte Systeme.

erlauben. Dazu müssen alle funktional verknüpften Informationen für die verschiedenen Aufgaben der Unternehmensführung — von der Planung bis zur Kontrolle — in der Zentralkartei einheitlich erfaßt sein. Eine Vorbedingung zur Erreichung des Zieles ist, daß Planzahlen und Istzahlen in derselben Sprache, Gliederung und Klassifizierung dargestellt sind. Nur so können brauchbare Vergleiche und schnelle Korrekturen ermöglicht werden.

(3) Die *„Integration der Mittel"* baut auf der These auf, daß jede Tätigkeit einen funktional bestimmten Gebrauch der verschiedenen Mittel

erfordert: Personal, Material, Werkzeuge, Maschinen, Zeit und Geld. Diese Mittel sollen jeweils in ihrer funktionalen Zusammensetzung betrachtet werden und in der Zentralkartei entsprechend gekennzeichnet sein. Das zeigt in allen Ebenen des Management stets das Einzelne in seiner Beziehung zum Ganzen und erlaubt eine optimale Ausnutzung der Mittel in bezug auf die unternehmenspolitischen Zielsetzungen.

(4) Durch die *„Vereinheitlichung der Sprache"* soll eine Datenverarbeitung von der Entstehung der Daten bis zur Auswertung mit möglichst geringem menschlichen Eingreifen erreicht werden. Das erfordert Maschinen, die ohne vorherige Übersetzung Daten untereinander übertragen können. Außerdem sollen die Ausgabedaten der Maschinen möglichst wieder direkt für die Maschine lesbar sein. Eine Standardisierung der Informationen in Form und Anordnung, aber auch eine Standardisierung der Maschinensprachen und der Programmierung sind die Voraussetzungen dafür.

(5) Das Ziel der *„Informationsauswahl"* ist ein Aspekt des „management by exception" [109, S. 21 ff.]. Durch die Informationsauswahl sollen die angefallenen Daten nur dann dem Management vorgelegt werden, wenn diese von den Sollzahlen abweichen und eine automatische Korrektur im integrierten System selbst nicht möglich ist. Sonst laufen die Vorgänge in der geplanten Weise weiter ab. Außer dieser Auswahl der „Ausnahmen" erfolgt im System auch eine Auswahl nach der Bedeutung von Informationen. Nach der Bedeutung einer Information richtet sich die Periodizität der Berichte sowie die anzusprechende Ebene des Management. Jeder Funktionsträger erhält auf diese Weise nur die für ihn wichtigen Informationen, wobei allerdings die verschiedenen Verknüpfungen innerhalb der Unternehmung beachtet werden. Bei der Informationsauswahl müssen auch Risiko und Unsicherheit von Entscheidungen berücksichtigt werden.

(6) Ein weiterer Gesichtspunkt des „management by exception" ist die möglichst weitgehende *„Automation der Entscheidungen"*. Alle Entscheidungen, denen standardisierte Daten und standardisierte Regeln zugrunde liegen, werden automatisch getroffen. Das überläßt dem Menschen nur die Probleme, die maschinell noch nicht lösbar sind und die schöpferische Ideen bzw. menschliche Urteilskraft erfordern. Durch diese Zielsetzung sollen vor allem die folgenden Verbesserungen erreicht werden:

a) genauere, schnellere, folgerichtigere und bessere Informationen und Entscheidungen;
b) das Management kann mehr Zeit für die Ausnahmen von der Regel, für schöpferische Arbeit, für langfristige Planungen und für die eigene Weiterbildung verwenden.

Diese Zielsetzung erfordert die Berücksichtigung des kybernetischen Prinzips der Rückkoppelung.

(7) Durch den Einsatz der *„mathematischen Entscheidungsforschung"* und der sonstigen Methoden der wissenschaftlichen Unternehmensführung kann das Management rationale und optimale Entscheidungen sicherer fällen als bisher. Während die beiden vorstehenden Zielsetzungen vor allem auf eine Befreiung des Menschen von mechanischer Arbeit gerichtet waren, sollen durch den Einsatz der mathematischen Entscheidungsforschung die geistigen Fähigkeiten des Menschen erweitert werden. Tatsächlich wird durch die Anwendung dieser Methoden zusammen mit der elektronischen Datenverarbeitung die menschliche Urteilskraft bedeutend erweitert, denn es können Beweise erbracht werden, die ohne diese Hilfsmittel nicht in der zur Verfügung stehenden Zeit durchgeführt werden könnten. Die gewünschten Ergebnisse sind Optimalentscheidungen für die Gesamtunternehmung, sowie eine Verminderung der Unsicherheit durch die Anwendung wissenschaftlicher Verfahren in der Planung.

(8) *„Das wirtschaftliche Gleichgewicht"* wird durch die Beachtung des Grenzprinzips gewährleistet. Das Ziel ist der optimale Einsatz aller für ein integriertes System bereitgestellten Mittel, sowie der optimale Einsatz aller betrieblichen Mittel überhaupt. Der Punkt des wirtschaftlichen Gleichgewichts ist erreicht, wenn jede Änderung in der Mittelverteilung die Wirtschaftlichkeit des Gesamtunternehmens mindern würde. Hierdurch soll für den Betrieb auch der kybernetische Grundsatz der Ultrastabilität gewährleistet werden.

(9) *„Das Mensch-Maschine Gleichgewicht"* betrifft die richtige Verteilung im Einsatz von Menschen und Maschinen in einem integrierten System und im Management. Teilweise ist diese Zielsetzung schon in den Zielen „Informationsauswahl", „Automation der Entscheidungen" und „mathematische Entscheidungsforschung" enthalten. Zusätzlich wird jedoch ausgedrückt, daß ein Gleichgewicht zwischen den Möglichkeiten der maschinellen Hilfsmittel und der angewandten wissenschaftlichen Verfahren auf der einen Seite und den Fähigkeiten des Personals diese zu benutzen auf der anderen Seite bestehen muß. Insbesondere sollen die verwendeten Hilfsmittel des Informationssystems jedoch auch im Verständnisbereich der Unternehmensführung sein, die wissen sollte, wie die Hilfsmittel zum größten Nutzen verwendet werden können.

Diese Zielsetzungen beschreiben das Ideal eines integrierten Systems. Sie können nur schwer, vielleicht auch gar nicht im vollen Umfang erreicht werden. Aber um möglichst weit auf dem Wege zu einem vollkommenen integrierten System zu kommen, müssen diese Zielsetzungen als Leitmaximen angesehen werden. Die heute vorhandenen Hilfsmittel lassen bereits Systeme zu, die sehr nahe an das Ideal herankommen. Eines der wichtigsten Probleme im Zusammenhang mit der Automation von Entscheidungen ist die Programmierbarkeit bzw. Automation von Entscheidungen. Da die Programmierbarkeit von Entscheidungen grundlegende Voraussetzung für den Aufbau integrierter Systeme ist, soll im nächsten Abschnitt auf die dabei bestehende Problematik etwas ausführlicher eingegangen werden.

1.4 Die Programmierbarkeit von Entscheidungen als Voraussetzung ihrer Automation

1.41 Der Entscheidungsprozeß und die Klassifizierung von Entscheidungen

„Der Auswahlprozeß einer Handlung aus einer Reihe von Alternativen" [11, S. 1] wird als Entscheidung bezeichnet. Der gesamte Vorgang der Entscheidungsfindung schließt mit der Entscheidung ab; er setzt sich jedoch aus mehreren Phasen zusammen, die bei einer Analyse des Vorgangs betrachtet werden müssen. Den Gesamtvorgang unterteilt Simon [76, S. 1 ff.] in Finden von Gelegenheiten für Entscheidungen (intelligence activity), das Finden von alternativen Vorgehensweisen (design activity) und Auswahl einer Alternative (choice activity). Das lehnt sich an die Stufen von Dewey [20, S. 3] an, der in Problemstellung, Feststellung von Alternativen und Auswahl der besten Alternative gliedert. Bleicher [96] unterteilt den Vorgang der Entscheidungsfindung weiter in:

A Entscheidungsvorbereitung
- 1 Beschaffung und Speicherung von Informationen
  - a) Impulsinformationen
  - b) Zielinformationen
  - c) Ergebnisinformationen
  - d) Erwartungsinformationen
- 2 Analyse der Ursachen (Problemanalyse)
- 3 Ermittlung der Alternativen
- 4 Bewertung der Alternativen
- 5 Abstimmung der Teilentscheidungen

B Entscheidung

In allen Definitionen [33, S. 201] wird von einer Entscheidung als einer Auswahl aus Alternativen gesprochen. Diese Auswahl geschieht nach Entscheidungskriterien, das sind beispielsweise die Zielsetzungen des Unternehmers, die sich auf die Zukunft beziehen. Es sollen hier nicht die verschiedenen Möglichkeiten von Zielsetzungen untersucht werden, sondern lediglich der Einfluß, den die Zielsetzungen auf eine Entscheidung haben können. Dabei werden sich die Ausführungen auf die Entscheidung in der Unternehmung beschränken.

Der Unternehmer handelt nach dem Rationalprinzip, d. h. auf eine Entscheidung können verschiedene Zielsetzungen des Unternehmers, z. B. niedrige Fertigungslöhne und geringe Fluktuation, Einfluß haben. Nach dem Rationalprinzip muß der Unternehmer dann die Alternative wählen, die ihm insgesamt den höchsten Nutzen bringt. Churchman [16, S. 113 ff.] stellt dieses Problem an einem einfachen Beispiel anschaulich dar: Es geht nur um zwei Ziele, Z_1 und Z_2, und nur zwei Maßnahmen können zur Anwendung kommen, C_1 und C_2. Angenommen, wir haben nun die Wirksamkeit jeder Maßnahme bezüglich jedes Zieles (anhand einer von 0 bis 1 reichenden Skala) festgestellt und die Ergebnisse in der nachstehenden Matrix festgehalten:

Ziel / Maßnahmen		Z_1 (0,3)	Z_2 (0,7)	$Z_1 + Z_2$
C_1	absolut	0,8	0,4	1,2
	gewogen	0,24	0,28	0,52
C_2	absolut	0,2	0,6	0,8
	gewogen	0,06	0,42	0,48

Welche Maßnahmen sollen wir wählen? Es wäre falsch, sogleich mit „C_1" oder „C_2" zu antworten, was auf Grund der Summe der absoluten Wirksamkeiten angenommen werden müßte. Die Frage läßt sich nämlich ohne Kenntnis der relativen Bedeutung der Ziele überhaupt nicht beantworten.

Churchman gibt dann dem Ziel Z_1 die relative Bedeutung 0,3 und Z_2 0,7; er zeigt, daß zwischen den Maßnahmen C_1 und C_2 nur ein geringfügiger Unterschied besteht (0,52 : 0,48), wenn die Summe der gewogenen Wirksamkeiten (Wirksamkeit × relative Bedeutung), die sogenannte Gesamtwirksamkeit, berücksichtigt wird.

Bei Entscheidungen mit mehreren Zielen ist eine Programmierung nur mit der von Churchman skizzierten Vorgehensweise möglich. Es muß betont werden, daß die Bewertung der Ziele meist nicht einer quantitativen Analyse entspringt, sondern die (recht willkürliche) Quantifizierung von Erfahrung und Intuition der Beurteilenden zu dem Ergebnis führt. Um ein klares Bild vom Entscheidungsvorgang an sich zu erhalten, werden die Schwierigkeiten bei der Quantifizierung der Auswirkungen von Entscheidungen, sowie bei der Quantifizierung und Gewichtung der Ziele, nicht berücksichtigt. Außerdem sind alle Ungewißheiten der Zukunft (Erwartungsstrukturen) in diesem Falle vernachlässigt, da diese für jede Entscheidungskategorie andere Probleme aufwerfen.

Eine moderne Methode der Entscheidungsbildung stellt der Entscheidungsbaum dar [167]. Ein Entscheidungsbaum, wie in Abb. 3 dargestellt, beginnt normalerweise mit einer durch ein Quadrat symbolisierten Entscheidung, von der aus Linien verzweigen, die die alternativen Entscheidungsmöglichkeiten charakterisieren. Entscheidungen führen zu Ereignissen, die im Bild durch Kreise dargestellt sind. Ereignisse wiederum haben mehrere Folgen, was durch die aus dem Ereignisknoten hervorgehenden Linien angedeutet ist. Jede Folge- oder Resultatlinie ist mit der Beschreibung des Resultats und dessen geschätzten Wahrscheinlichkeit versehen. Es gilt also bei einem Ereignis nicht nur alle möglichen Folgen auszudenken und aufzuzeichnen, sondern gleichzeitig die Wahrscheinlichkeit jeder einzelnen Folge einzuschätzen und in Prozenten oder Dezimalstellen auszudrücken.

Am besten läßt sich die Technik des Entscheidungsbaumes am Beispiel der Abb. 3 erklären. Nehmen wir an, eine Firma habe den Auftrag erhalten, eines oder zwei spezielle Produkte herzustellen, die wir hier als Produkt X und Y bezeichnen wollen. Es kann nur an einem Produkt gleichzeitig entwickelt werden und wenn dieses erfolgreich ist, wird die Firma auch automatisch den Entwicklungsauftrag für das andere erhalten. Wenn aber die Entwicklung des ersten Produktes nicht erfolgreich ausfällt, dann wird der Firma die Entwicklung des anderen Produktes abgeschlagen. Nehmen wir der Einfachheit halber an, die Firma erhalte eine fixe Summe von DM 50 000,— für das Produkt X und DM 30 000,— für das Produkt Y.

Zunächst müssen nun die Schlüsselentscheidungen und die daraus resultierenden Alternativen identifiziert werden und gleichzeitig die möglichen Ereignisse sowie deren Wahrscheinlichkeit und deren logische Beziehung zu den Entscheidungen aufgezeichnet werden. Dann ist ein Maßstab festzulegen, um die aufzuwendenden Investitionen, Kosten und die zu erwartenden Einnahmen zu messen. Als Maß kommen Geld, Zeit, Benutzungsfrequenz oder Qualität infrage. Im weiteren muß auch ein Kriterium zur Auswahl der alternativen Entscheidungen vorhanden sein. Gewinn, Kosten und Wahrscheinlichkeit des Erfolgs eignen sich hierzu. Im vorliegenden Beispiel verwenden wir Geld als Maßstab für Investitionen und Einnahmen, den Gewinn als Kriterium für die Alternativen.

Nachdem man sich über das Niveau der Details und die erforderliche Zeitspanne geeinigt hat, wird der Baum entsprechend der Problemstruktur ausgelegt, wobei die erwähnten Standardsymbole zur Anwendung kommen. Wenn der nackte Baum gezeichnet ist, müssen die erforderlichen numerischen Informationen gesammelt werden. Schätzungen der Wahrscheinlichkeit der Folgen jedes Ereignisses müssen erarbeitet und die Resultate quantifiziert werden. Fig. 3 stellt den fertigen Entscheidungsbaum dar, der diese Information einschließt.

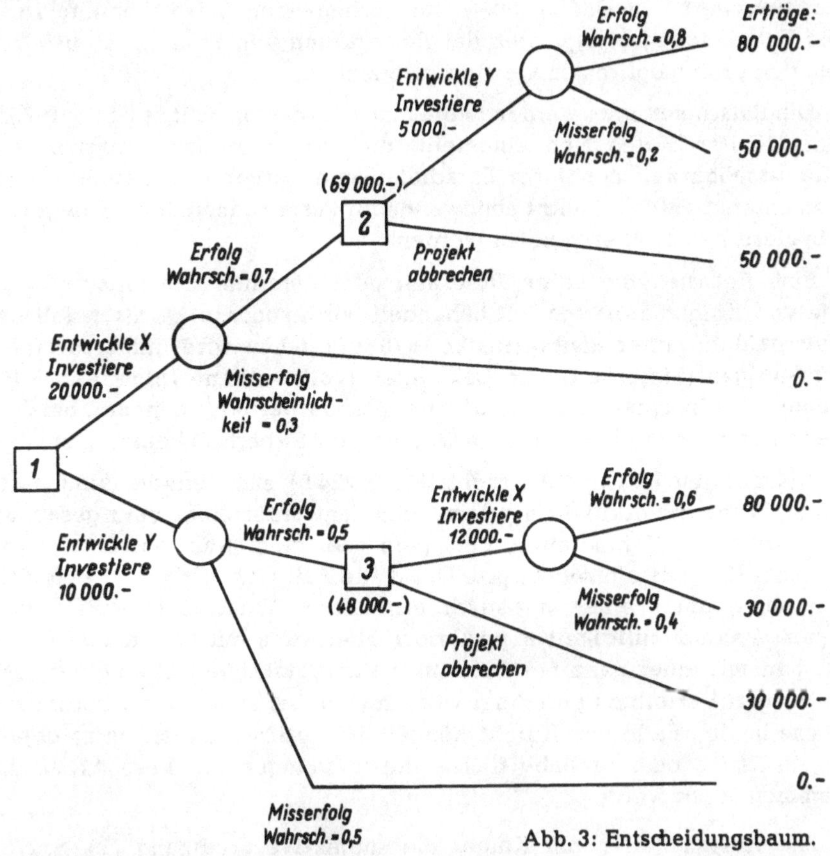

Abb. 3: Entscheidungsbaum.

Bäume stellen Entscheidungen in knapper analytischer Form dar. Sie helfen Schlüsselentscheidungen, die normalerweise die ersten im Baum sind, und die sofort gemacht werden müssen, besser zu bewerten. Es soll hier die Rückwärtsmethode verwendet werden, um von den Endpunkten her rückwärtsschreitend die Entscheidungen zu bewerten. Entscheidung 2 und 3 wird also zuerst betrachtet und ihre Werte zur Bewertung der Entscheidung 1 herangezogen.

Zunächst wird Entscheidung 3 durch die Bestimmung der zu erwartenden Gewinne bei jeder der möglichen Alternativen bewertet und dann der

Wert der vorteilhaftesten Alternative der Entscheidung beigefügt. Man nennt dies den Positionswert des Entscheidungspunktes. Er ist für Entscheidung 3 DM 48 000,—. (0,6 × 80 000 + 0,4 × 30 000 — 12 000). Einen Positionswert betrachtet man als den Wert oder den Gewinn, den man erhält, indem man bis zu diesem Punkt im Baum vorstößt. Als nächstes bewerten wir den Entscheidungspunkt 2 und erhalten einen Positionswert von DM 69 000,—. Im vorliegenden Beispiel müßte somit die Entscheidung 1 zugunsten der Entwicklung von Produkt X ausfallen, um den größtmöglichsten Gewinn zu erzielen.

Die Entscheidungen werden heute meist in die von Knight [39, S. 197 ff.] entwickelten Kategorien eingeteilt, die sich nach der Sicherheit der Voraussehbarkeit der durch Entscheidungen hervorgerufenen Änderungen unterscheiden. In leicht abgewandelter Form können diese Kategorien für diese Arbeit übernommen werden.

Eine *Entscheidung unter Sicherheit* oder determinierte Entscheidung, die von Knight nicht speziell behandelt wird, sondern als Grenzfall der Entscheidung unter Risiko (Risiko = 0) angesehen wird, führt zu einem eindeutigen (Sicherheit) und bekannten (vollkommene Information) Ergebnis. Als Beispiel sei der Kauf eines Standardartikels genannt, bei dem der zu erwartende Preis und die Qualität mit Sicherheit bekannt ist.

Als zweiten Fall nennt Knight [39, S. 224 f.] eine Entscheidung unter einer Wahrscheinlichkeit a priori. Hier liegt unter einer naturgesetzlich festliegenden Wahrscheinlichkeit (wie z. B. beim Münzenwerfen) fest, welches Ereignis eintreten wird. Der dritte Fall nach Knight ist eine Entscheidung unter einer statistisch ermittelten Wahrscheinlichkeit, d. h. einer Wahrscheinlichkeit a posteriori. Hier kann auf Grund von Erfahrungen mit einer ganz bestimmten Wahrscheinlichkeit bzw. einer festliegenden Verteilung gerechnet werden (z. B. bei Lebensversicherungen). Diese beiden Fälle von Knight können als *Entscheidungen unter objektivem Risiko* oder probabilistische Entscheidungen für diese Arbeit zusammengefaßt werden.

Als vierten Fall nennt Knight die subjektive Schätzung [39, S. 225]. Später bezeichnet er diese Gruppe als *Entscheidungen unter Unsicherheit* [39, S. 231][6]. Hier gibt es keine Möglichkeiten einer quantitativen Klassifizierung der Erwartungen. Der Unternehmer hilft sich in solchen Fällen durch Annahmen, die er mit Erfahrung und Fingerspitzengefühl begründet. Knight führt als Beispiel eine Investition an, für die der Fabrikant natürlich seine Erfolgschancen schätzt. Hierbei „wäre es unsinnig, von einer a priori-Wahrscheinlichkeit zu sprechen, oder empirisch eine statistische Verteilung durch Beobachtung einer großen Zahl von Entscheidungen festzustellen" [39, S. 226].

Bei der Unterscheidung, die Mellerowicz [57, Bd. 1, S. 88 f.] und Sandig [111, S. 95] treffen, wird weniger der Grad der Unsicherheit in den Vordergrund gestellt, als die Stellung der Entscheidung im Rahmen der Unternehmenspolitik. Grundlegende (bzw. konstitutive) Entscheidungen betreffen den Aufbau des Betriebes, sind einmalig und allein Aufgabe der obersten Leitung. Laufende (bzw. situationsbedingte) Entscheidungen sind relativ häufig und geben den Rahmen für den täglichen Ablauf des Betriebes. Während die erste Gruppe von Entscheidungen fast ausschließlich unter Unsicherheit zu fällen ist, wird bei den laufenden Entscheidungen eine objektive Wahrscheinlichkeit eher festzustellen sein. Gutenberg [25, S. 159] unterscheidet dispositive und sachbezogene Entscheidungen. Aus seiner Definition geht hervor, daß er damit denselben Sachverhalt ausdrückt, den Mellerowicz und Sandig in ihren Begriffen beschreiben.

Die wertvollste Unterscheidung für die Betrachtung der Entscheidungen in integrierten Systemen stammt von Simon [76, S. 5] und wurde von Albach [89, S. 399] übernommen. Simon unterscheidet programmierte und nichtprogrammierte (bzw. programmierbare und nichtprogrammierbare) Entscheidungsprozesse, die im folgenden näher untersucht werden.

1.43 Die Programmierbarkeit von Entscheidungen

Ein Programm ist die einen datenverarbeitenden Prozeß beschreibende Gesamtheit von Anweisungen. Nach dieser Definition ist ein Programm nicht notwendig an eine Datenverarbeitungsanlage gebunden, sondern es können auch einfache Arbeitsanweisungen sein, die für ein bestimmtes Arbeitsgebiet ausgearbeitet worden sind. Die Programmierung von Entscheidungen ist jedoch die Grundlage der Übernahme auf Datenverarbeitungsanlagen und der Automation.

Simon schreibt: „Entscheidungen sind in dem Umfang programmiert, wie sie wiederholt und gewohnheitsmäßig sind, in dem Umfang, in dem eine bestimmte Vorgehensweise zu ihrer Behandlung ausgearbeitet wurde, so daß sie nicht jedesmal von neuem behandelt werden müssen. Der offensichtliche Grund, warum programmierte Entscheidungen wiederholt auftreten, und umgekehrt, ist, daß wenn ein spezielles Problem oft genug auftritt, normalerweise Standardanweisungen zur Lösung erarbeitet werden ... Entscheidungen sind nichtprogrammiert, sofern sie neu und unstrukturiert sind und wichtige Folgen haben. Unter nichtprogrammiert verstehe ich ein Vorgehen, bei dem das System nicht auf vorgeschriebene Anweisungen zurückgreifen kann, sondern zurück muß zu der allgemeinen Fähigkeit, die es für intelligentes, problemorientiertes, anpassungsfähiges Handeln hat. Zusätzlich zu seinem spezifischen Können und Wissen besitzt der Mensch Eigenschaften, die ihm die Lösung allgemeiner Probleme erlauben" [76, S. 6]. Beispiele für programmierbare Entscheidungen sind Preisstellung für normale Kundenaufträge, Bestellung von Bürobedarf; für nichtprogrammierbare Entscheidungen führt Simon größere Investitionen und Eisenhower's D-Day-Entscheidung an[6]. Für diese Entscheidungen können als Hilfsmittel umfangreiche Simulationsmodelle erstellt werden, die jedoch lediglich die möglichen Folgen alternativer Vorgehensweisen erläutern, die Entscheidung bleibt jedoch dem urteilenden Menschen überlassen.

Von besonderer Bedeutung ist die Einteilung von Simon, weil sich die modernen Hilfsmittel der Unternehmensführung in ihrer Anwendung auf programmierte und nichtprogrammierte Entscheidungen bis heute noch unterscheiden. Wenn zwischen den beiden Entscheidungstypen auch fließende Übergänge bestehen und die traditionellen durch die modernen Techniken nicht vollkommen ersetzt werden, so lassen sich doch die prinzipiellen Unterschiede der traditionellen und modernen Entscheidungstechnik in ihrer Anwendung auf die Entscheidungstypen einleuchtend in einem Schaubild [S. 25] darstellen.

Dieses Schaubild hat Simon ausführlich besprochen. Es wird hier nicht weiter erläutert, sondern es soll auf die Problematik der Anwendung der modernen Methoden eingegangen werden.

Die mathematische Entscheidungsforschung geht etwa in folgenden groben Schritten vor [S. 38 ff.]:

1. Analyse des Problems und Konstruktion eines Modells oder Programms, das die wichtigen Faktoren der Situation berücksichtigt.
2. Quantitative Festlegung der unternehmerischen Ziele.
3. Errechnung des Optimalwertes im Hinblick auf die Ziele, unter Berücksichtigung der eingegebenen Daten.

Auf diese Weise wird ein Programm festgelegt, um die Entscheidung für eine bestimmte Problemstellung zu erhalten. Es werden dabei meist einige Entscheidungen in das Modell einbezogen, die bisher auf Grund menschlicher Urteilskraft gefällt wurden, oder es wurde eine Faustregel durch das Modell ersetzt, das optimale Entscheidungen im Rahmen des mathematischen Modells erlaubt.

Die Problematik der Programmierung von Entscheidungen zeigt sich an diesem Ablauf in mehreren Punkten. Erstens müssen die Zusammenhänge eines Problems mathematisch erfaßbar sein. Insbesondere muß es

[6] Albach [89, S. 399] vereinfacht zu stark, wenn er schreibt, daß programmierte Entscheidungsprozesse die gegenwärtige Lebensfähigkeit des Unternehmens sichern, während nichtprogrammierte Entscheidungsprozesse die zukünftige Lebensfähigkeit sichern. Zwar werden langfristige Probleme meist nicht programmiert sein, doch hängt die Zukunft eines Unternehmens von jeder getroffenen Entscheidung ab.

möglich sein, die Zielsetzung oder die Zielsetzungen zu quantifizieren. Zweitens muß das Modell auf das einzelne Problem durch Parameter zugeschnitten werden. Diese müssen mit der notwendigen Genauigkeit feststellbar sein. Drittens muß das mathematische Problem, das in dem Modell formuliert wurde, unter vernünftigem Aufwand in nicht zu langer Zeit gelöst werden können. Das sind die Grenzen der Anwendung.

Entscheidungstypen und Entscheidungstechnik [76, S. 8]

Entscheidungstyp	*Entscheidungstechnik*	
	Traditionelle	*Moderne*
Programmiert Routine —, sich wiederholende Probleme, für die in der Organisation eine spezielle Vorgehensweise bereits entwickelt wurde	1. Gewohnheit 2. Büroroutine: — Standardvorschriften 3. Organisationsstruktur: — Feste Erwartungen — Ein System von Unterzielen — Festgelegter Informationsfluß	1. Mathematische Entscheidungsforschung — Math. Analyse — Modelle — Computer-Simulation 2. Elektronische Datenverarbeitung
Nichtprogrammiert Einmalige, nicht festgelegte unternehmenspolitische Probleme, die durch allgemeine Fähigkeiten des Menschen behandelt werden.	1. Beurteilung, Intuition, schöpferisches Handeln 2. Faustregeln 3. Auswahl und Ausbildung von Führungskräften	1. Computer-Simulation 2. Heuristische Entscheidungstechnik angewandt auf a) Ausbildung b) Bau heuristischer Computerprogramme

Die meisten Anwendungsgebiete der programmierten Entscheidungen, wie Lagerdisposition und Preisstellung, haben mit mathematischen Modellen nichts zu tun. Diese datenverarbeitenden Prozesse werden durch den Einsatz von elektronischen Datenverarbeitungsanlagen automatisiert, ohne daß größere Probleme auftreten, da es sich um einfache Entscheidungen unter Sicherheit handelt. Die Einbeziehung von komplexen Entscheidungen unter objektivem Risiko in die Automation des Entscheidungsprozesses birgt Probleme, die insbesondere in der Verantwortung für diese Entscheidungen begründet liegen. Zwar läßt sich bei objektivem Risiko eine optimale Entscheidung stets errechnen, doch da es sich dabei um komplexere Probleme und Modelle handelt, sind diese schwerer zu durchschauen. Der verantwortliche Funktionsträger muß jedoch das Modell soweit durchschauen können, daß er bei veränderten Bedingungen die entsprechenden Parameter des Modells ändern kann. Wenn das Modell unter veränderten Bedingungen mit den alten Parametern arbeitet, müssen falsche Entscheidungen auftreten, die der Funktionsträger zu verantworten hat.

Einen wesentlichen Beitrag zum integrierten Modell eines Unternehmens leistete Forrester [24]. Sein besonderes Verdienst liegt darin, den Faktor Zeit und damit die dynamische Verhaltensweise der Unternehmung in das Modell einbezogen zu haben. Dieses Konzept entlehnt er der Informations-Rückkopplungstheorie der Elektrotechnik. Damit kann veranschaulicht werden, wie Fluktuationen gewisser Größen des Unternehmens stark verstärkte und zeitliche verschobene Schwankungen bei anderen Größen bewirken. Eindrücklich zeigt sich dies am Beispiel eines Produktions- und Verteilmodells. Daraus geht hervor, daß kleine Erhöhungen der Nachfrage wesentliche Aufblähungen im Produktionsauftrag hervorrufen können, verursacht durch Pufferlager und zeitliche Verschiebungen in der Bestellübermittlung. Nachfrage, Lagerbestand, Auftragsbestand, Personalbestand und Investitionen ergeben sich aus Forresters Modell als sinusartige Kurven, die über die Zeitachse gesehen in Phasenverschiebung liegen und die bekannten Effekte der Reaktionsverzögerung auf weiter hinten gelegene Stellen deutlich veranschaulichen. So reagiert beispielsweise die Fabrikation erst auf eine mehrere Wochen zurückliegende Auftragserhöhung nachdem die Nachfrage bereits wieder zusammengefallen ist. Da zudem Zwischenlager eingeschaltet sind und überall mit Sicherheitsmargen gerechnet wird, führt dies zu einer Aufblähung der Fabrikationsbestellung. Diese reagiert somit nicht nur zu spät, sondern auch überproportional, was im unglücklichsten Fall zu Lageranhäufungen im Moment nachlassender Nachfrage führen kann.

Forresters Modell baut auf einer Reihe von Differenzialgleichungen auf. Deren Integration ergibt die oben erwähnten Kurven, die das zeitliche

Verhalten der Unternehmensgrößen darstellen. Er hat zu diesem Zweck einen speziellen Integrator entwickelt, den er DYNAMO nennt.

Die von Forrester verwendete Darstellungsweise der Betriebselemente erleichtert das Verständnis integrierter Systeme. Er unterscheidet einen Geldfluß, Auftragsfluß, Materialfluß, Personalfluß und einen Investitionsfluß durch die Firma. Diese fünf Flüsse sind durch ein Informationsnetzwerk integriert. Industrial Dynamics untersucht nun diese Flüsse in ähnlicher Weise wie ein elektrisches Netzwerk und gibt ihnen die spezifischen dynamischen Charakteristiken. Mit diesem Modell wird eine Art Management-Labor möglich, das dem Studenten erlaubt, alternative Entscheidungen und Parameter durchzuspielen und deren dynamische Auswirkungen über eine gegebene Zeitperiode zu beobachten. Dabei erkennt er insbesondere die Auswirkungen von Verzögerungen im Informationsfluß und den Effekt der Rückkoppelung, der nur an integrierten Systemen studiert werden kann.

Da in integrierte Systeme eine Vielzahl von komplexen Entscheidungen einbezogen werden sollen, müssen an die Verständlichkeit des Systems und das Verständnis der betroffenen Funktionsträger besondere Anforderungen gestellt werden. Oft wird im Zusammenhang mit der Programmierung von Entscheidungen die Frage aufgeworfen, wer die Entscheidung trifft. Nach Ansicht der Verfasser ist eine Entscheidung dann getroffen, wenn die Daten für das programmierte Modell in ihren funktionalen Abhängigkeiten festgestellt sind. Die Lösung des Modells (d. h. der Ablauf des Programms) gleicht dann dem Umrühren des bereits mit Zucker versehenen Kaffees zur Lösung des Zuckers. Daraus ergibt sich auch die Verantwortlichkeit für die Entscheidung, denn zweifellos entscheidet Art und Menge des eingegebenen Zuckers über die Süße des Kaffees und nicht das allerdings nötige Umrühren.

Der größte Teil der betriebspolitischen Entscheidungen ist bis heute der mathematischen Entscheidungsforschung und der Programmierung verschlossen geblieben. Hier können die modernen Hilfsmittel nur zur Verbesserung des Informationsstandes eingesetzt werden. Das ist allerdings von Bedeutung, da mit diesen Hilfsmitteln große Datenmengen nach komplexen Regeln verarbeitet werden können, während der Mensch nicht in der Lage war, diese Datenmengen aufzunehmen und zu analysieren bzw. so langwierige Berechnungen damit durchzuführen. Mit der heuristischen Programmierung wird jedoch versucht, auch diese Probleme einer Automation zugänglich zu machen. Die heuristische Programmierung wird später im Einzelnen behandelt. Von besonderer Bedeutung ist dabei jedoch die Substitution des Optimalprinzips durch das Zufriedenheitsprinzip, worüber auch bei der Anwendung der mathematischen Entscheidungsforschung stark diskutiert wird.

1.44 Optimal- oder Zufriedenheitsprinzip

Der „homo oeconomicus" der Volkswirtschaftslehre handelt nach dem Rationalprinzip, das auch für die Betriebswirtschaftslehre gilt (vgl. S. 19). Für seine Entscheidungen wird eine vollkommene Information (Markttransparenz etc.) vorausgesetzt, die die Auswahl der besten Alternative wirklich zuläßt. Simon [118, S. 67] beschreibt die einzelnen Schritte, die für eine optimale Entscheidung erforderlich sind, die er objektiv rational nennt:

1. Betrachtung *aller* vorhandenen Alternativen,
2. Kenntnis *aller* Auswirkungen bei der Entscheidung für eine Alternative,
3. Auswahl der Alternative, die die größte Gesamtwirksamkeit für die verschiedenen Ziele ergibt.

Wenn diese drei Bedingungen voll erfüllt werden, kann von einer objektiv rationalen oder optimalen Entscheidung gesprochen werden. Für dieses Vorgehen der klassischen Betrachtungsweise bestehen einige Schwierigkeiten. Einmal sollen alle möglichen Alternativen untersucht werden. Es muß zugegeben werden, daß dem Entscheidenden sehr oft gar nicht alle Alternativen bewußt sind. Dann sollen alle Folgen bei der Entscheidung für eine Alternative bekannt sein. Das kann aber nur bei Entscheidungen unter Sicherheit der Fall sein; bei Entscheidungen unter objektivem Risiko läßt sich die beste Alternative mit mathematischen Methoden ebenfalls bestimmen, doch bei Entscheidungen unter Unsicherheit ist eine objektiv rationale Entscheidung nicht mehr möglich. Es wird in diesem Fall versucht, die beste Entscheidung zu schätzen; mit den gegebenen Informationen und der Erfahrung wird eine subjektiv rationale Entscheidung gefällt. Bei der Einhaltung der dritten Bedingung treten neben den erwähnten Schwierigkeiten der Unsicherheit die Probleme einer exakten Feststellung der Gesamtwirksamkeit für die verschiedenen Ziele auf, die für die Entscheidung maßgebend sind.

Aus diesen Schwierigkeiten ziehen March/Simon den Schluß: „Die meisten menschlichen Entscheidungsprozesse, von Einzelnen oder Organisationen, beschäftigen sich mit der Entdeckung und Auswahl befriedigender Alternativen; nur in Ausnahmefällen werden optimale Alternativen gesucht" [51, S. 140 f].

Albach schließt sich dem in noch deutlicherer Form an: „Der Entscheidungsprozeß kann nur befriedigende Ergebnisse erstreben" [89, S. 399]. Trotz der zweifellos vorhandenen begrenzten Rationalität (bounded rationality) kann die Feststellung in der Form von Albach nicht akzeptiert werden.

Der „homo oeconomicus" mit seiner Allwissenheit existiert zweifellos nicht, doch wird der wirtschaftende Mensch stets so rational wie möglich handeln, d. h. er wird nach Optimalität streben. Innerhalb der bestehenden Beschränkungen zeitlicher und sachlicher Art werden so viele Alternativen wie möglich so genau wie möglich analysiert[7, 8]. Die Begrenzungen werden teilweise durch die Gesamtzielsetzung der Wirtschaftlichkeit gegeben. Denn wenn die Suche nach einer weiteren alternativen Entscheidungsmöglichkeit einen Aufwand erfordert, der größer ist als der zu erwartende Grenzertrag, wäre ein weiteres Suchen zwar für die optimale Einzelentscheidung notwendig, doch für das Gesamtsystem nach dem Rationalprinzip verwerflich. Die Zufriedenheitsstandards müßten daher so gesetzt werden, daß ein weiterer Aufwand zum Zweck der Optimierung die Gesamtwirtschaftlichkeit des Systems gefährden würde.

Entgegen den Feststellungen von Simon und Albach kann daher gesagt werden, daß der wirtschaftende Mensch unter den gegebenen Umständen stets versucht, das Beste, d. h. das Optimum zu erreichen. Integrierte Systeme müssen diesem Prinzip gerecht werden. Sie müssen sich dem Prinzip der Wirtschaftlichkeit unterordnen und in diesem Rahmen bei der Automation von Entscheidungen das Streben nach optimalen Ergebnissen berücksichtigen. Dazu sollen vor allem die Hilfsmittel integrierter Systeme beitragen, die im folgenden Kapitel beschrieben werden.

1.5 Die Hilfsmittel integrierter Systeme

1.51 Datenverarbeitungs-Anlagen (Hardware)

Entsprechend den Zielsetzungen integrierter Systeme soll die Informationsverarbeitung und der Entscheidungsprozeß so weit wie wirtschaftlich sinnvoll automatisiert werden. Während die Entscheidungsforschung eine Optimierung der einzelnen Entscheidungsprozesse anstrebt und eine Voraussetzung für die Automation des Informations- und Entscheidungsprozesses darstellt, ist die elektronische Datenverarbeitung das technische Hilfsmittel zur Automation des Systems. Daraus ergibt

[7] Simon [75, S. 249] führt als Beispiel für das Zufriedenheitsprinzip ein Schachprogramm an. In einer Folge von 16 Zügen sind nach den Regeln 10^{24} Variationen möglich, die in dem Programm durch Anwendung des Zufriedenheitsprinzips, d. h. durch Verzicht auf den jeweils besten Zug, auf rund 1500 Variationen reduziert werden konnten. Der Grund für diesen Verzicht ist jedoch nach unserer Ansicht nicht auf das Zufriedenheitsprinzip zurückzuführen, sondern auf die Unmöglichkeit, die 10^{24} Variationen in der beim Schachspiel verfügbaren Zeit mit den verfügbaren Mitteln (Computer) durchzurechnen. Es wird unter den gegebenen Beschränkungen optimiert.

[8] Eine weitere Einschränkung des Optimalstrebens gibt Adam [1, S. 136]: „Verschiedene Leitmaximen führen zu verschiedenen Optimalprozessen. Ein ‚Optimum an sich' gibt es nicht, nur ein Optimum im Rahmen der vorgegebenen Leitmaximen."

sich die überragende Bedeutung der elektronischen Datenverarbeitung für integrierte Systeme.

Die Geschichte der elektronischen Datenverarbeitung umfaßt eine recht kurze Zeitspanne. In dieser Zeit verlief die technische Entwicklung so stürmisch (die interne Geschwindigkeit erhöhte sich um den Faktor 10^6), daß die organisatorischen Möglichkeiten, die sich daraus ergaben, längst nicht ausgeschöpft werden konnten. Erst in jüngerer Zeit wird auch die Anwendungsentwicklung, der organisatorische Einsatz der elektronischen Datenverarbeitung, als ein wesentliches Forschungsgebiet betrachtet. Eine gedrängte Übersicht der Entwicklung gibt die folgende Tabelle:

Entwicklung der elektronischen Datenverarbeitung

Periode	Technische Elemente	Anwendungsgebiete
1941—1945	Relaismaschinen im ms-Bereich	militärisch/wissenschaftlich
1946—1950	Röhrenmaschinen	
1951—1955	Transistor im μsec-Bereich	öffentliche Verwaltung erste kommerz. Anlagen
1956—1960		weite Anwendungsgebiete in Wirtschaft, Verwaltung, Wissenschaft und Forschung-Bewältigung von Massenarbeiten
ab 1961	Integrierte Schaltelemente im ns-Bereich, Dünnschichtspeicher	Organis. Eingliederung der EDV in die Wirtschaft

Die schnelle Entwicklung zeigt sich auch in der Zahl der aufgestellten Anlagen. Während im Jahre 1960 etwa 150 Anlagen in der Bundesrepublik eingesetzt waren, sind es im Jahre 1968 bereits 3800 und 1970 bereits über 6300 Anlagen[9].

Die elektronischen Datenverarbeitungsanlagen lösen in den Unternehmen meist konventionelle Lochkartenanlagen ab. Während die konventionellen Lochkartenmaschinen die Lösung von Teilproblemen in der Unternehmung erlaubten, ohne wesentliche Eingriffe in die häufig mangelhafte Organisation vornehmen zu müssen, fordern die elektronischen Datenverarbeitungsanlagen zu ihrem wirtschaftlichen Einsatz meist eine organisatorische Umgestaltung des Betriebes, um eine integrierte Datenverarbeitung zu ermöglichen. Eine integrierte Datenverar-

[9] Nach den Berichten der Diebold, Deutschland GmbH.

beitung liegt aber erst vor, wenn alle Ursprungsdaten nur einmal in die Anlage eingelesen und für alle benötigten Auswertungen benutzt und gespeichert werden. Es sollen nur die notwendigen Ergebnisse wieder ausgegeben werden. Diese Zielsetzungen der integrierten Datenverarbeitung für die organisatorische Gestaltung der Informationsverarbeitung sind von der Anlage diktiert, die dann am wirtschaftlichsten arbeitet. Damit wird die elektronische Datenverarbeitung zu sehr in den Mittelpunkt gestellt. Die Zielsetzungen eines integrierten Systems gehen von der Organisation aus und rücken die Datenverarbeitungsanlage wieder auf ihren Platz als technisches Hilfsmittel der Organisation.

Bis heute wird in vielen Fällen eine Unterscheidung der elektronischen Datenverarbeitungsanlagen nach ihrem Anwendungsbereich im Betrieb in „Numerische Systeme", „Prozeßrechner" und „Datenverarbeitungssysteme" gemacht[10]. Numerische Systeme und Prozeßrechner werden zur Direktsteuerung von Maschinen oder Maschinenkombinationen[11] eingesetzt. Während bei numerischen Systemen der Produktionsvorgang vom Rechenvorgang durch den steuernden Datenträger (Lochstreifen, Lochband, Lochkarte) getrennt ist und dem Menschen eine Einflußnahme überläßt, verwertet der Prozeßrechner die anfallenden Meßwerte des Produktionsvorganges sofort, unter Umgehung eines Beleges und korrigiert den beobachteten Prozeß nach einem vorgegebenen Optimalprogramm. Hierbei kann der Rechner aktiv durch ständiges Abfragen steuern, oder passiv nach ankommenden Informationen. Damit sind die Prozeßrechner in der Produktion die unmittelbaren Vorfahren und das Gegenstück der direkten Datenverarbeitung im Informationswesen [87]. Die numerischen Systeme und Prozeßrechner sind nicht flexibel, sondern auf einige Aufgaben beschränkt. Gegenüber den Prozeßrechnern sind Datenverarbeitungssysteme sehr flexibel und können für verschiedenste Aufgabengebiete eingesetzt werden. Durch die neueren Datenverarbeitungssysteme wird die gegebene Unterscheidung zunehmend wegfallen, da diese Anlagen auch Prozeßsteuerungsaufgaben mit übernehmen können. Das erlaubt die Übertragung aller Datenverarbeitungsaufgaben auf ein Verarbeitungszentrum, wenn dies innerhalb des integrierten Systems als zweckmäßig betrachtet wird.

Die überragende Bedeutung der elektronischen Datenverarbeitung in integrierten Systemen wirft einige Probleme auf, die sich vor allem aus der gewünschten Automation des Informations- und Entscheidungssy-

[10] Die Unterscheidung in Analog- und Digitalrechner wird nicht erläutert, da für integrierte Systeme fast ausschließlich Digitalrechner interessant sind. Vgl. zu allen Begriffen DIN 44 300.

[11] Z. B. Werkzeugmaschinen, Transferstraßen, Hochöfen, Atomreaktoren.

stems ergeben. Ein Problemkreis, der bereits behandelt wurde, entsteht durch die Automation der Entscheidungen [S. 18 ff.]. Ein anderes Problem wird durch die Notwendigkeit der internen und externen Revision gekennzeichnet. Dadurch können größere Schwierigkeiten bei der optimalen Gestaltung eines Systems auftreten. Auf Prüfungsfragen bei Anwendung der elektronischen Datenverarbeitung in integrierten Systemen wird später noch kurz eingegangen[12].

Für integrierte Systeme ist bei der Auswahl einer elektronischen Datenverarbeitungsanlage die Kapazität von erheblich größerer Bedeutung als bei Anlagen, die lediglich zur Bewältigung von Massenarbeiten eingesetzt werden. Die direkten Abfragen an das System müssen auch bei Belastungsspitzen ohne große Wartezeiten beantwortet werden. Die richtige Dimensionierung der Anlage ist damit zu einem Teil ein Warteschlangenproblem. Außerdem spielt die Zuverlässigkeit der Datenverarbeitungsanlage eine desto größere Rolle, je höher der Automationsgrad des Systems ist. Bei einem System, in dem Entscheidungen durch Regelkreise automatisiert sind, darf ein Ausfall des technischen Hilfsmittels nicht vorkommen. Da die Maschinen heute zwar zuverlässig sind, aber doch keine Ausfallgarantie geben, muß durch besondere Anordnungen der technischen Elemente die Gewähr für ständige Betriebsbereitschaft gegeben werden [133].

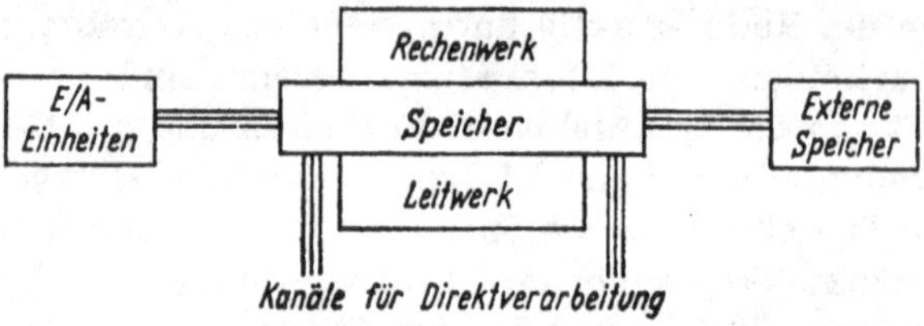

Abb. 4: Schema einer elektronischen Datenverarbeitungsanlage.

Bei der Auswahl der elektronischen Datenverarbeitung als Hilfsmittel (S. 71 ff.) wird zwischen Hardware (Maschinen) und Software (Programme und Verfahren) unterschieden. Bei der Hardware müssen die einzelnen Bestandteile eines elektronischen Datenverarbeitungssystems — Zentraleinheit, externe Speicher und Ein/Ausgabeeinheiten — besonders betrachtet werden. Dabei sind die externen Speicher und hier die Direktzugriffsspeicher — Magnettrommel, Magnetplatte, Magnetkarte und Magnetstreifen — von besonderer Bedeutung. Die Schaffung von Regelkreisen im Informationsfluß durch Wahl der geeigneten Ein/Ausgabegeräte und Datenträger ist ein Grunderfordernis in integrierten Systemen. Welche Möglichkeiten hier bis heute bestehen, zeigt die Abbildung 5.

[12] Vgl. die beiden folgenden Werke, die auch ausführliche Literaturangaben enthalten [38, 125, vgl. auch S. 89 ff.].

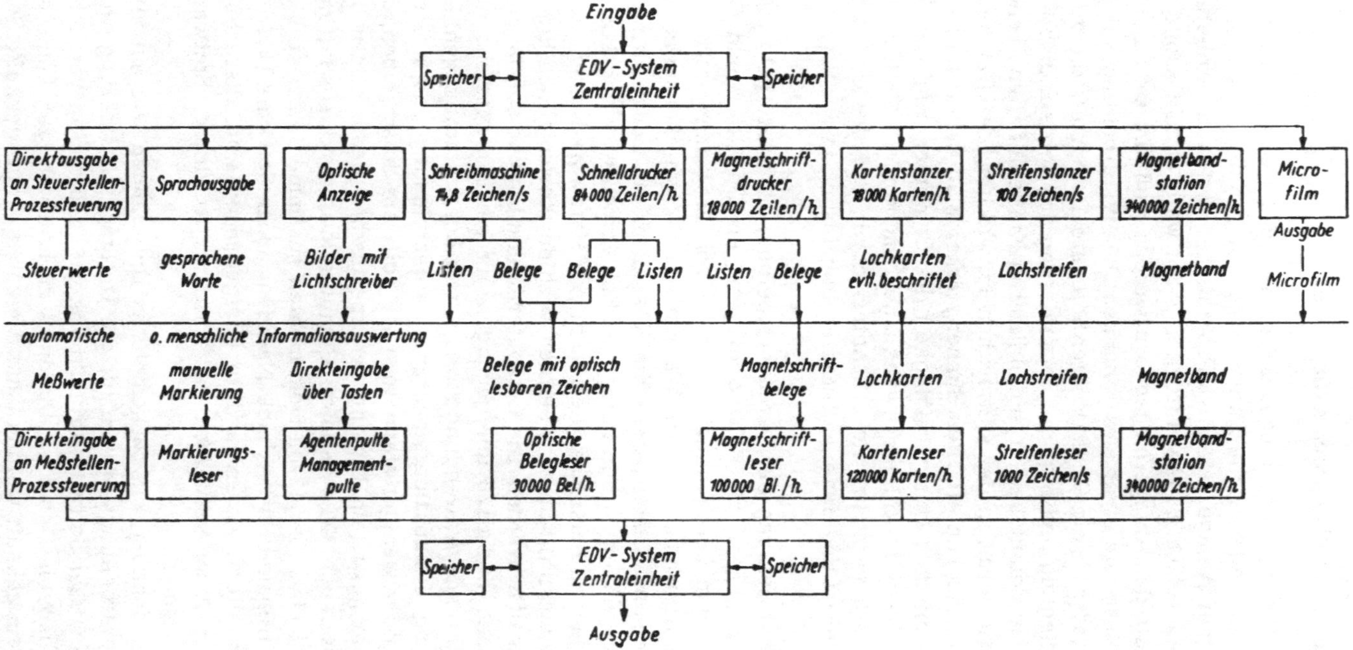

Abb. 5: Ein/Ausgabe-Einheiten der elektronischen Datenverarbeitung mit Möglichkeiten von geschlossenen „Regelkreisen" im Datenfluß.

1.52 Datenverarbeitungs-Programme (Software)

Während die Datenverarbeitungsanlage das sichtbare und greifbare Werkzeug darstellt, bedeutet die Datenverarbeitungs-Software den nicht materiellen Teil der Anlage, wie etwa Programme, Verfahren, Anleitungen und Dokumente. Die Datenverarbeitungs-Software umfaßt somit all die Intelligenz, die der Anlage eingegeben werden muß, um sie nützlich zu machen. Die Resultate einer elektronischen Datenverarbeitungsanlage sind daher nie besser als die Qualität ihrer Software. Da letztere die volle geistige Durchdringung und logische Formulierung des betrieblichen Geschehens und damit den Einsatz hochqualifizierter Kräfte auf allen Ebenen verlangt, gerät sie leicht in der stürmischen Entwicklung der Datenverarbeitungsanlagen ins Hintertreffen. Immer stärker wird daher die Kluft zwischen der technischen Leistungsfähigkeit des Computers und der Beschränktheit der verwirklichten Anwendungen empfunden. Gleichzeitig setzt sich aber auch vermehrt die Erkenntnis durch, daß der Computer nur ein Hilfsmittel ist und die eigentliche Problemlösung in der Software verankert liegt.

Die besondere Bedeutung der Datenverarbeitungs-Software geht auch aus deren Kosten hervor, die sich vorwiegend aus Gehältern und Gemeinkosten für einen hochqualifizierten Stab von Programmierern und Systemanalytikern zusammensetzen. Während die Softwarekosten in den USA bei den meisten Firmen bereits die Kosten für die Computermiete überstiegen haben, nähern sich in Europa die Softwareentwicklungskosten mit ständig steigenden Personalkosten rasch den Hardware-Kosten. Software muß allerdings nicht immer über den Weg der kostspieligen Eigenherstellung beschaffen werden. Die Computerlieferanten und spezialisierte Software-Firmen sind dazu übergegangen, für gewisse spezielle und immer wiederkehrende Anwendungen, wie etwa Lohnabrechnungen, Lagerbewirtschaftung, Produktionssteuerung, Projektplanung und Kostenrechnung, mehr oder weniger standardisierte Software zu schreiben, die sich dann noch in gewissem Umfang den spezifischen Bedürfnissen des Benutzers anpassen läßt. Da eine solche Computerlösung sich aus fertigen Programmen und einer Serie von Dokumenten zusammensetzt, wird sie auch als „Softwarepaket" bezeichnet. Nachdem außer Software-Häusern auch einige Computer-Lieferanten dazu übergegangen sind, diese Software gegen Entgelt zu vertreiben, ist auch der Ausdruck „Softwareprodukt" aufgekommen.

Es wäre kaum denkbar, ein so komplexes Unterfangen wie ein integriertes Datenverarbeitungs-System für die Unternehmensführung ohne Zuhilfenahme gewisser Software-Produkte ökonomisch und in vertretbarer Frist zu realisieren. Dabei ist allerdings zu beachten, daß kaum ein komplettes System gekauft werden kann. Vielmehr sind zugekaufte Software-Pakete in die individuell programmierten Abläufe zu integrieren, wie man etwa ein individuell gestaltetes Haus aus vorfabrizierten Wänden, Türen und anderen Bauelementen zusammenstellen kann. Wichtig ist dabei, daß sorgfältig ausgearbeitete Pläne vorliegen, die den Einbau der vorfabrizierten Elemente in das individuell gestaltete Mauerwerk genau zeigen. Auf die EDV übertragen bedeutet dies die genaue Festlegung der Softwarekonfiguration, in gleichem Maße wie man vor Ankauf des Computers die genaue Hardware-Konfiguration festgelegt hat.

Das wohl wichtigste Element in der Software-Konfiguration für ein integriertes Datenverarbeitungs-System für die Unternehmensführung ist das Datenbanksystem. Daten verarbeiten heißt gleichzeitig auch Daten erfassen, Daten speichern, Daten manipulieren und Daten wieder ausgeben. All diese Funktionen vereinigen sich in einem Datenbanksystem. Richard G. Canning [104] schrieb als Vorwort zu einer Reihe von Artikeln über Datenbanksysteme: „Keine der modernen Entwicklungen auf dem Computergebiet ist so wichtig für den kommerziellen Anwender von Datenverarbeitungsanlagen wie die Datenbanksysteme. Der Gebrauch dieser Systeme wird sich in gleichem Maße ausdehnen, wie sich der Gebrauch von Betriebssystemen ausgebreitet hat." Das Datenbanksystem ist in gewissem Sinne das Herzstück eines integrierten Datenverarbeitungssystem. Es scheint daher angezeigt, seine wichtigsten Funktionen näher zu untersuchen.

Auf der Eingabeseite finden wir die bekannten Funktionen der Datenprüfung und Überwachung. Wird im on-line Verfahren über Terminale gearbeitet, so kommen komplizierte Steuerungs- und Kontrollfunktionen hinzu. Insbesondere muß beim Einsatz mehrerer Terminale der Verkehr untereinander und mit der Datenbank nach genauen Prioritätsprinzipien festgelegt sein. Hinzu kommen Prüfverfahren, um unberechtigte Eingriffe und Änderungen an der Datenbank auszuschließen.

Dem Benutzer unsichtbar sind die komplexen Funktionen der Datenverwaltung, Datenorganisation und Datensicherstellung. Diese Funktionen fallen in den Bereich des Software-Spezialisten und sollen an dieser Stelle nicht eingehender behandelt werden.

Einen ganz wesentlichen Einfluß auf die Brauchbarkeit eines integrierten Datenverarbeitungssystem haben die Ausgabefunktionen. Diese müssen das schwierige Problem der Kommunikation zwischen Mensch und Maschine lösen. Es bedarf besonderer Prozeduren und Verfahren, die einmal im Computer gespeicherte Information wieder in sinnreicher Form zurückzugewinnen. Um von den Möglichkeiten einer elektronischen Datenverarbeitungsanlage voll Gebrauch zu machen, sollte man sich nicht nur auf eine lineare Datenrückgewinnung beschränken, wie sie im Prinzip ebensogut über das geschriebene Wort erfolgen könnte, sondern die Maschine auch dazu benutzen, um logisch und strukturell verknüpfte Daten abzufragen, die nicht notwendigerweise sequentiell hintereinander gespeichert sind. So möchte man beispielsweise Umsatzzahlen mit Lagerbeständen in Verbindung setzen oder Lohndaten mit Produktionskosten in Verbindung bringen. In einem Produktionsbetrieb mag der strukturelle Zusammenhang zwischen Einzelteilen und Endprodukten interessieren. Wie man solche Anforderungen technisch realisiert, soll im Abschn. 2.23 *„Datenstrukturanalyse"* näher erläutert werden.

Um das Volumen der auszuschreibenden Daten sinnreich zu beschränken und den Anforderungen nach „information by exception" nachzukommen, verwendet man logische Suchausdrücke, wie sie etwa in der Boole'schen Algebra Verwendung finden. Dabei ist darauf zu achten, daß die Abfragesprache eine einfache Syntax aufweist, die sich wenn immer möglich weitgehend an die Syntax unserer täglichen Umgangssprache anlehnt. Ein Informationssystem für die Unternehmensführung richtet sich an Leute, die keine Zeit zum Erlernen komplizierter Computersprachen aufwenden können. Seine Nützlichkeit hängt somit von der Einfachheit seiner Daten-Rückgewinnungssprache ab. Dabei ist zu unterscheiden, ob es sich um Abfragen nach strukturierten Daten handelt, wie etwa Abfragen über Produkte, Teile, Personen, Kosten, etc. oder ob unstrukturierte Information gesucht wird, wie etwa sämtliche Zeitungsartikel und Bücher über ein spezifisches Thema, Patente, Marken, technische Beschreibungen, wissenschaftliche Dokumente oder Personen mit bestimmten speziellen Qualifikationen. Während bei strukturierten Daten der Suchbegriff meist bekannt ist, also etwa die Artikelnummer, die Teile- oder Personal-Nummer, liegt das Suchargument bei nichtstrukturierten Daten nur in der Form einer eingrenzenden Beschreibung vor.

Eine wesentliche Erleichterung in der Kommunikation zwischen Mensch und Maschine brachten die sogenannten on-line Systeme. Die Tatsache, daß der Mensch während der Dateneingabe und -Abfrage in ständiger Verbindung mit dem Computer ist, erlaubt eine Konversation zwischen Mensch und Maschine. So können beispielsweise falsche Daten vom Computer sofort erkannt und mit Korrekturanleitungen zurückgegeben werden. Auf Anfragen erhält man unmittelbar eine Antwort und kann weiter fragen, falls diese nicht genügt. Fortgeschrittene Systeme erlauben sogar bei schlecht strukturierter Fragestellung durch die Daten zu „stöbern" (browsing technique), um die gewünschte Antwort zu finden.

Auch wenn ein leistungsfähiges Datenbanksystem die individuelle Programmierarbeit reduziert, bleibt doch noch einiges an Modulen und Programmen zu schreiben. Dabei ist auf eine reibungslose Verzahnung zwischen dem Datenbanksystem und den selbstgeschriebenen Teilen zu achten. Abb. 6 zeigt, wie sich die wichtigsten Software-Elemente um den

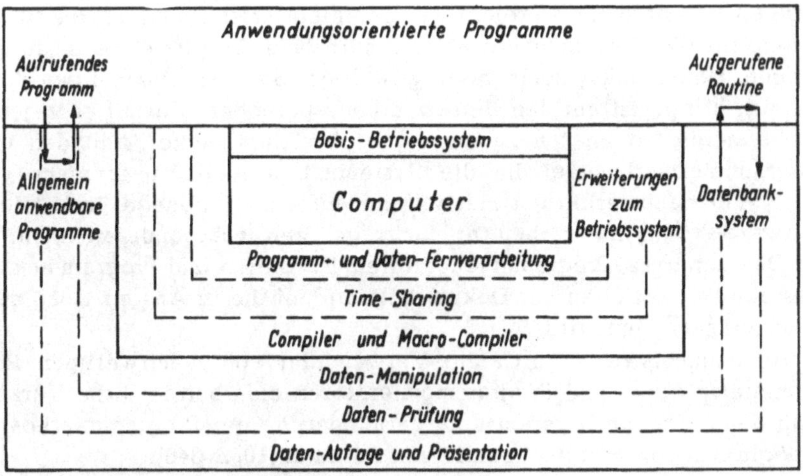

Abb. 6: Softwarekonfiguration.

Computer gliedern und damit eine eigentliche Software-Konfiguration bilden. Zu beachten ist die Übergangsstelle zwischen den anwendungsorientierten Programmen und dem Datenbanksystem. Es ist nicht gleichbedeutend, ob das selbstgeschriebene, anwendungsorientierte Programm das Datenbanksystem aufruft oder ob umgekehrt das Datenbanksystem an gewissen Punkten spezielle, selbstgeschriebene Anwendungsroutinen ansprechen kann. Im ersten Fall hat das selbstgeschriebene Programm Kontrolle über das allgemein anwendbare Datenbanksystem. Es muß folglich in einer Sprache geschrieben werden, die das Aufrufen der Routinen erlaubt. Die aufrufende Sprache wird dann als gastgebende Sprache (Host-Language) bezeichnet. Die Gäste wären folglich die allgemein anwendbaren Routinen. Bei dieser Art von Zusammenspiel bleibt die Logik des Ablaufs immer im aufrufenden, d. h. im selbst zu erstellenden, problemorientierten Programm beinhaltet, was für größtmögliche Flexibilität bürgt.

Bei der Alternativlösung besitzt das allgemein anwendbare Programm eine feste logische Struktur die an gewissen Stellen Ausgänge (Exits) aufweist, an denen sich anwendungs-orientierte Routinen einbauen lassen. Diese Lösung stellt weniger Anforderungen an die eigenen Programmierer, ist aber auf der anderen Seite bedeutend weniger flexibel.

Das Erstellen von Eigenprogrammen zerfällt in mehrere Stufen:

1. Aufgabenstellung
2. Funktionsanalyse
3. Datenanalyse
4. Programmablaufplan
5. Codierung
6. Test
7. Dokumentation

Da ein so ehrgeiziges Projekt wie ein integriertes Datenverarbeitungssystem für die Unternehmensführung auch beim Einsatz eines leistungsfähigen Datenbanksystems noch gewaltige Software-Eigenentwicklung mit sich bringt, ist auf den Einsatz arbeitssparender Hilfsmittel in jeder der aufgeführten Phasen zu achten. Es bestehen heute Methoden und Programmierwerkzeuge, die die Systementwicklung immer mehr von einer rein handwerklichen Herstellung auf eine rationelle, industrielle Software-Produktion verlagern. Hierzu gehören insbesondere Hilfsmittel zur Datenanalyse, Programmgeneratoren, Testhilfen und Programme zum maschinellen Erstellen der Dokumentation, auf die in Abschn. 2.334 noch näher eingegangen wird.

Wie beispielsweise durch die Verwendung von höherwertigen Programmiersprachen und Programmgeneratoren eine beträchtliche Verkürzung der Programmierzeiten und Verminderung der Programmierkosten ermöglicht wird, zeigt die Tabelle von Brandon [10, S. 348].

Leistungszahlen von Programmiersprachen

	Maschinencode od. Autocode	Maschinenorientierte Programmierung m. Makrobefehlen	Problemorientierte Programmiersprachen	Programmgeneratoren
Wirksamkeit des Programms	95%	90%	60—85%	45—65%
Programmierkosten	100%	90%	40—60%	20—40%

Die maschinengebundene Software, d. h. Betriebsysteme für die einzelnen Anlagen und ihre Konfigurationen, ist insbesondere bei Real Time-Systemen für integrierte Systeme genau auf ihre Vollständigkeit zu untersuchen.

Die im folgenden Kapitel zu besprechenden Modellformen der Mathematischen Entscheidungsforschung sollten bereits als programmierte Formalmodelle für die einzusetzenden Datenverarbeitungssysteme vorliegen.

1.53 Mathematische Entscheidungsforschung

Die mathematische Entscheidungsforschung oder Operations Research[13] ist der Betriebswirtschaft nichts Neues. Schmalenbachs Lehre von der

[13] Zur Begriffsbildung vgl. [57, Bd. 1, S. 448 f. sowie 154, S. 363 ff.].

pretialen Betriebslenkung beinhaltete bereits die Hauptmerkmale der mathematischen Entscheidungsforschung und sie kann darüber hinaus als ein erster Ansatz zur Betriebskybernetik betrachtet werden. Die mathematische Entscheidungsforschung hat aus verschiedenen Gründen in den letzten zwei Jahrzehnten eine besonders schnelle Entwicklung erfahren. Durch die Eigenart dieser Entwicklung formte sie sich zu einem eigenständigen Gebiet und muß nun den einzelnen Wissenschaften, denen sie entstammt, erst wieder vertraut gemacht werden. In dieser Arbeit werden die Modelle der mathematischen Entscheidungsforschung als organisatorische Hilfsmittel integrierter Systeme betrachtet. Es wird daher vor allem die Bedeutung der mathematischen Entscheidungsforschung für integrierte Systeme behandelt. Die bestehenden Lösungsmöglichkeiten, wie Simplex-Methode, Transportmethode für die lineare Programmierung, sowie statistische Verfahren, wie die Monte Carlo-Methode und Markoff-Reihen, werden nicht behandelt, da dies den Rahmen der Arbeit sprengen würde und zudem für das Verständnis der mathematischen Entscheidungsforschung in ihrer Bedeutung für integrierte Systeme nicht unbedingt erforderlich ist. Bevor die einzelnen Modellformen kurz gestreift werden, sollen einige allgemeine Angaben über Wesen und Aufgabe der mathematischen Entscheidungsforschung gemacht werden.

Mathematische Entscheidungsforschung ist „die systematische Verwendung mathematischer, statistischer oder formallogischer Theorien und Verfahren als Hilfsmittel der betrieblichen Entscheidungsfindung" [57, Bd. 1 S. 449] mit dem Ziel der Koordinierung und Optimierung der Entscheidungen. Ausgehend von der Modellvorstellung beschäftigt sich die mathematische Entscheidungsforschung mit der Bestimmung und Analyse von Zielen, der grundlegenden Struktur sowie den Interdependenzen in einem Betrieb. Sie erforscht (1) wie sich das System unter verschiedenen Bedingungen verhält, (2) die Beziehungen, die erklären, warum sich das System so verhält und (3) wie und wann Änderungen durchgeführt werden sollten, um die unternehmerischen Ziele am besten zu erreichen.

Im Begriff der mathematischen Entscheidungsforschung ist bereits enthalten, daß die Mathematik ein Hauptbestandteil dieser Methode ist. Eine der wichtigsten und beunruhigendsten Fragen für den Wirtschaftler ist, wie weit er in die Mathematik eindringen muß, um die mathematische Entscheidungsforschung erfolgreich benutzen zu können. Die Meinungen hierüber sind geteilt, doch sind die Mehrzahl der Verfasser von Büchern und Artikeln auf diesem Gebiet der Auffassung, daß es nicht genügt, „nur zu wissen, welche Verfahren es im speziellen gibt; vielmehr ist es notwendig, daß man über ihre mathematische Struktur hinreichend unterrichtet ist" [5, S. 11]. Ohne diese Feststellung anzugreifen, kann doch gesagt werden, daß die für die wichtigsten Modellformen heute vorhandenen *Formalmodelle* zur Folge haben, daß für den Modelle benutzenden Betriebswirt die Mathematik wesentlich weniger Bedeutung hat als eine Kenntnis der funktionalen Zusammenhänge in der Unternehmung. Für die Zusammenstellung der notwendigen Daten eines Problems ist heute in den meisten Fällen nur dieses betriebswirtschaftliche Wissen erforderlich, da die mathematische Vorarbeit bei der Konstruktion der formalen Modelle bereits geleistet wurde. Als Formalmodelle werden programmierte Lösungswege für die Modellformen der mathematischen Entscheidungsforschung bezeichnet. Durch das Einsetzen der Daten und Parameter werden sie zu *Realmodellen*. Diese Formalmodelle, die auf eine Vielzahl betriebswirtschaftlicher Fragestellungen angewandt werden können, sind häufig für verschiedene Computer programmiert verfügbar. Zur Darstellung der funktionalen Verbindungen und der Erfassung der Daten zur Beschreibung des Modells kann auf die Mathematik weitestgehend verzichtet werden. Lediglich bei den Modellformen, die relativ jung sind und für die daher noch keine Formalmodelle bestehen, müssen umfangreiche mathematische Vorarbeiten geleistet werden. Eine Einführung in die formalen Erfordernisse für die Datenzusammenstellung ist allerdings in jedem Fall erforderlich.

Neben der Mathematik berücksichtigt die mathematische Entscheidungsforschung den Systemgedanken bei den betrachteten Problemen. Aus diesem Grund ist sie ein besonders wertvolles Hilfsmittel für den Aufbau integrierter Systeme. Das ergibt sich auch aus den Zielsetzungen der mathematischen Entscheidungsforschung, die in verschiedenen Punkten mit den Zielen integrierter Systeme übereinstimmen, wenn sie auch in der Zielhierarchie zweifellos eine Stufe darunter stehen:

1. Die mathematische Entscheidungsforschung folgt dem „Prinzip der Ganzheitsbetrachtung" [54, Bd. 1, S. 451 sowie 16, S. 14 ff.], d. h. ein Problem wird nicht isoliert betrachtet, sondern in seinen Verflechtungen mit den übrigen Teilen des Systems.

2. Sie versucht, aus einem Fächer möglicher Entscheidungen die optimale Vorgehensweise unter Berücksichtigung der gegebenen Zielsetzungen herauszufinden.

3. Sie versucht eine Quantifizierung von bisher qualitativen Problemen. Sie gibt damit der Unternehmensführung eine rationale Grundlage für ihre Entscheidungen; — Voraussetzung hierfür ist allerdings, daß die eingegebenen Daten und das verwendete Modell korrekt und dem Problem entsprechend sind.

Für die mathematische Entscheidungsforschung hat sich eine besondere Arbeitsmethode herausgebildet, die das Erreichen der angegebenen Ziele sichern soll. Da sich die mathematische Entscheidungsforschung aus mehreren Disziplinen der Wissenschaften geformt hat, war es zunächst eine Notwendigkeit, daß die Modelle im Team erstellt wurden. Churchman [34, S. 19 f.] bezeichnete die Team-Methode geradezu als einen Bestandteil der mathematischen Entscheidungsforschung, da es zunächst zur Bildung von Modellen notwendig war, interfakultative Teams zu bilden. Auf diese interfakultativen Teams kann heute weitgehend verzichtet werden, da z. B. bei Formalmodellen die Arbeit des Mathematikers bereits vorgeleistet wurde; die Notwendigkeit des Teams bleibt jedoch bestehen, da die Betrachtung des ganzen Systems, der ganzen Unternehmung also, einem Einzelnen heute kaum mehr möglich ist. Um daher die Interdependenzen innerhalb der Unternehmung zu berücksichtigen, muß weiterhin auf das Team zurückgegriffen werden, das sich nun vor allem aus Mitgliedern der einzelnen Funktionsbereiche der Unternehmung rekrutiert (wobei nicht verschwiegen werden soll, daß ein Mathematiker im Team sehr nützlich ist). Neben der Team-Methode sind es die verschiedenen Phasen einer Untersuchung, die zu der Arbeitsmethode der mathematischen Entscheidungsforschung gehören [16, S. 22 ff.]:

1. Analyse des Systems und Formulierung des Problems. Hierzu gehört zunächst die Definition der zu erreichenden Ziele, sowie die quantitative Erfassung aller Einflußgrößen. Das erfordert eine genaue Analyse des Problems, der relevanten Faktoren und Beschränkungen, sowie der mit dem untersuchten Problem zusammenhängenden Gebiete. Häufig ergeben sich aus den Verflechtungen mit anderen Gebieten ganz neue Aufgabenstellungen. Den Abschluß dieser Phase bildet die Entscheidung, ob eine weitere Arbeit sinnvoll ist oder ob das Problem sich für eine weitere Bearbeitung nicht eignet.

2. Entwurf eines mathematischen Modells. In dieser Phase muß zunächst untersucht werden, welche mathematische Form dem Problem angemessen ist. Die zweite Frage ist, ob ein bestehendes Formalmodell durch Einsetzen der in Phase 1 gewonnenen Daten in ein Realmodell umgewandelt werden kann oder ob ein völlig neues Modell konstruiert werden muß. Wie bereits erwähnt, sind die bestehenden Formalmodelle auf viele verschiedene wirtschaftliche Problemstellungen anwendbar, so daß die umfangreiche Arbeit der mathematischen Modellgestaltung gespart werden kann.

3. Die Überprüfung des Modells mit den eingesetzten Daten erstreckt sich zunächst darauf, ob das Modell dem realen Problem entspricht, und dann auf die Untersuchung, ob auch alle für die Problemstellung relevanten Umstände berücksichtigt wurden. Außerdem müssen die Zielsetzungen noch einmal überprüft werden. Da jedes Modell nur ein teilweises Abbild der Wirklichkeit sein kann, ist diese Überprüfung durch Simula-

tion und anschließenden Vergleich mit Daten der Vergangenheit oder mit Ergebnissen aus Näherungslösungen von besonderer Bedeutung.

4. Die Ableitung einer Lösung aus dem Modell ist die eigentliche Optimierungsphase der mathematischen Entscheidungsforschung. Eine der vorhandenen Alternativen wird als optimale Entscheidung angeboten.

5. Die Entscheidung und Durchführung der ausgewählten Alternativen ist in jedem System verschieden. Bei einem nichtautomatisierten Problemkreis ist die ausgewählte Alternative als Empfehlung zu betrachten. Ob diese Vorgehensweise tatsächlich gewählt wird, bleibt dem zuständigen Funktionsträger überlassen, zu dessen Aufgabe auch die notwendigen Schritte zur Durchführung der Entscheidungen gehören. In einem automatisierten System würde die empfohlene Vorgehensweise ausgeführt werden, denn es wäre ein System von Regelmechanismen geschaffen worden, in das die empfohlene Entscheidung als Maßstab eingegeben wurde. Dies allerdings nur, wenn nicht durch eine spezielle Entscheidung ein Eingriff in das automatisierte System vorgenommen würde.

Die mathematische Entscheidungsforschung greift auf verschiedene mathematische Theorien und Modellformen zurück. Grundlegend lassen sich dabei drei Unterscheidungsmerkmale für die Modelle finden:

1. nach der Berücksichtigung des Zeitfaktors — statische und dynamische Modelle,
2. nach der Berücksichtigung der Sicherheit — determinierte und stochastische Modelle,
3. nach der Aufgabe — Erklärungs- und Entscheidungsmodelle.

Andere Unterabteilungen, vor allem auch nach den Anwendungsgebieten, finden sich bei Churchman [16, S. 24 ff.], Künzi [149, S. 3] und Angermann [5, S. 40 f.], z. B. Lagerhaltungsprobleme, Zuteilungsprobleme, Wartezeitprobleme, Ersatzprobleme und Konkurrenzprobleme. Die wichtigste Unterscheidung erfolgt nach den mathematischen Theorien, die zur Modellkonstruktion verwendet werden. Danach können unterschieden werden:

— die Netzwerktheorie, die auf der Theorie der Graphen beruht. Sie dient vor allem als Planungsinstrument für größere Projekte und existiert in den verschiedensten Formen; z. B. PERT, CPM, RAMPS, PEP, O.P.I., COMPACT [4; 65; 66; 140; 184];

— die lineare Programmierung, die bis heute bedeutendste und verbreitetste Modellform. Die wirtschaftlichen Beschränkungen bzw. Zielsetzungen müssen dabei in Form von linearen Gleichungen oder Ungleichungen sowie der zu optimierenden linearen Zielfunktion dargestellt werden. Als wichtigste Lösungsmethoden stehen die Transport- und die Simplexmethode zur Verfügung [36; 44; 79; 112; 170];

— die nichtlineare Programmierung, wobei die Notwendigkeit linearer Beschränkungen und Zielfunktionen entfällt. Formalmodelle, die für die Netzwerktheorie und die lineare Programmierung in großer Zahl vorhanden sind, gibt es hier kaum, da diese Modelle meist nur für spezielle Probleme erstellt wurden [47; 121; 187];

— die dynamische Programmierung hebt neben der Linearität eine weitere Beschränkung auf, nämlich die der Optimierung einer Funktion nur für einen Entscheidungszeitraum. Es können also Entscheidungsfolgen, d. h. mehrstufige Entscheidungsprozesse behandelt werden [9; 34; 145; 153];

— die Theorie der Warteschlangen wurde bereits 1908 von Erlang zur Errechnung von Telefonnetzen entwickelt. Diese Modellform kann häufig angewandt werden. Formalmodelle sind für verschiedene elektronische Datenverarbeitungsanlagen verfügbar [16, S. 357 ff., 83, S. 48 ff., 50; 174];

— die Theorie der Spiele beschäftigt sich mit Konfliktsituationen, in denen der Entscheidungsträger nicht die volle Kontrolle über die ergebnisbeeinflussenden Faktoren hat. Die Anwendung der Theorie von Neumann und Morgenstern [218, 100, 101, 102] bleibt auf einige Wettbewerbsprobleme beschränkt, obwohl sie die wirtschaftliche Theorie und Forschung wesentlich bereichert hat;

— Simulationsmodelle als Optimalmodelle besonderer Art suchen die beste Lösung nicht durch einen Rechenprozeß, der systematisch Schritt für Schritt zu einer Lösung führt. Durch das wiederholte Durchspielen (Simulieren) eines Systemablaufs mit unterschiedlichen Parametern wird versucht, die optimale Lösung zu finden. Es wird also experimentiert. Anwendungsmöglichkeiten für Simulationsmodelle gibt es häufig, doch ist die Erstellung von Modellen langwierig und kostspielig und nur selten können Formalmodelle benutzt werden [74; 101; 188].

Die Ergebnisse erfolgreich angewandter mathematischer Entscheidungsforschung entsprechen weitgehend den Zielsetzungen integrierter Systeme. Die formulierten Unternehmensziele werden in den behandelten Bereichen besser erreicht und die Arbeitsmethoden werden verbessert. Auch komplexe Routineentscheidungen können weitgehend automatisiert und dabei evtl. auch optimiert werden, so daß der Unternehmensführung mehr Zeit für die langfristige Planung und die Unternehmenspolitik bleibt. Die heuristische Programmierung will noch einen Schritt weiter gehen.

1.54 Heuristische Programmierung

Für die Modelle der mathematischen Entscheidungsforschung müssen die zu untersuchenden Probleme in eine mathematische Form gebracht und alle Einflußgrößen müssen quantifiziert werden. Die Lösung des Problems wird dann aus dem mathematischen Modell abgeleitet, wobei die bisherige Entscheidungstechnik der Unternehmensführung nicht berücksichtigt wird. Die Beurteilung der Unternehmensführung beschränkt sich meist auf die Formulierung des Problems und die Festlegung der Prämissen[14].

Von dieser Vorgehensweise der mathematischen Modellbildung unterscheidet sich grundlegend die heuristische Vorgehensweise. Als heuristische Vorgehensweise bezeichnet Newell, Shaw und Simon [162 nach 183, S. 231] die Benutzung von nichtmathematischen Grundsätzen oder Methoden, die im allgemeinen zur Reduzierung der Arbeit bei der Entscheidungsvorbereitung dienen. Dazu gehören die aus der Erfahrung gewonnenen Grundsätze und die Entscheidungsregeln, nach denen der Mensch ganz allgemein handelt[15]. Insbesondere zählen dazu auch Plausibilitätsbetrachtungen, für die Neumann und Morgenstern [61, S. 7 sowie 67] die Bezeichnung heuristisch in die wirtschaftswissenschaftliche Terminologie einführten. Jeder Mensch benutzt zur Entscheidungsfindung heuristische Überlegungen, um aus einer Vielzahl von Möglichkeiten einige zur näheren Analyse auszuwählen.

Heuristische Programmierung ist die Übertragung dieser Entscheidungsregeln und Plausibilitätsbetrachtungen in ein Computerprogramm, das heißt die Aufstellung einer systematischen Reihenfolge von Instruktionen mit dem Ziel der Nachbildung des menschlichen Denkverhaltens. Die Computerprogramme sollen darüber hinaus die Fähigkeit haben, aus Fehlern zu lernen, d. h. das Programm selbsttätig zu ändern und damit zunächst einen Teil des menschlichen Lernprozesses zu vollziehen [178, S. 7]. Die betriebswirtschaftliche Zielsetzung der heuristischen Programmierung, die auch als nichtmathematische Entscheidungsforschung bezeichnet werden kann, ist vor allem die Verbesserung der nichtprogrammierten Entscheidungsprozesse [178, S. 21]. Das kann durch die Automation dieser Entscheidungen geschehen oder auch durch die Verbesserung des menschlichen Entscheidungsprozesses mit Hilfe der Erkenntnisse der nichtmathematischen Entscheidungsforschung [76, S. 32].

Dabei ist von großer Bedeutung, daß die heuristischen Programme nicht auf eine Optimierung hinzielen, sondern mit Zufriedenheitsstan-

[14] Einen Übergang stellen die Simulationsmodelle dar, bei denen zwar ebenfalls die Quantifizierung erforderlich ist, jedoch nicht eine optimale Lösung errechnet wird, sondern eine Reihe von Alternativen zur Auswahl gegeben wird.

[15] Heuristisch kommt vom griechischen „heurisko": finden, entdecken. Als Heuristik wird die Lehre von den Methoden zur Auffindung neuer Erkenntnisse bezeichnet.

dards arbeiten, die Simon dem Entscheidungsprozeß ja allgemein zugrunde legt [76, S. 25 ff.].

Grundlage der heuristischen Programmierung ist die Analyse des menschlichen Entscheidungsprozesses. Dazu gibt Simon eine vereinfachte Darstellung des Denkvorganges: „... zunächst wird ein Ziel gesetzt und der Unterschied zwischen dem Ziel und der Situation ausgemacht. Im Gedächtnis oder durch Suchprozesse wird nach Hilfsmitteln geforscht, die zur Verminderung des Unterschiedes angewendet werden. Jedes Problem wird in Unterprobleme zerlegt, bis wir ein lösbares Unterproblem finden, für das wir bereits ein Programm im Gedächtnis haben. Durch folgerichtige Lösung der Unterprobleme wird schließlich das Ziel erreicht — oder aufgegeben" [76, S. 27]. Die Erforschung dieser Prozesse ist vor allem ein Gebiet der Psychologie. Denkprotokolle und Plausibilitätsbetrachtungen sind die wichtigsten Instrumente. Während jedoch die Psychologen vor allem an der Erforschung der Denkprozesse und der Anwendung ihrer Erkenntnisse auf „künstliche Intelligenz" interessiert sind, ist der Betriebswirtschaftler mehr an der Anwendung auf betriebliche Probleme interessiert.

Simon [178, S. 9] sagte 1958 eine weitgehende Anwendung der heuristischen Programmierung auf nichtprogrammierte Entscheidungsprozesse voraus. Sie blieb bis heute aus, wenn auch einige Probleme, die mit Modellen der mathematischen Entscheidungsforschung nicht lösbar waren, inzwischen durch heuristische Programme gelöst werden. Dabei handelt es sich jedoch um Forschungsarbeiten, die noch keine Schlüsse auf wirtschaftliche Verwendungsmöglichkeiten zulassen. Die folgenden wirtschaftlichen Probleme wurden mit Hilfe der heuristischen Programmierung gelöst:

— Montagebandabgleichung von Tonge [182], der in der Veröffentlichung das Beispiel einschließlich Computerprogramm dargestellt hat.
— Zusammenstellung eines Wertpapier-Portefeuilles [106]
— Konstruktion von Elektromotoren [142]
— Maschinenbelegungsplan [125].

Weitere Beispiele sind die Standortbestimmung von Lagerhäusern und die Simulation des Verhaltens von Einzelhandelskunden.

Der besondere Vorteil der heuristischen Programmierung liegt darin, daß sie nicht auf quantitative bzw. quantifizierbare Probleme beschränkt ist und somit auch Aufgaben lösen kann, die mit den algorithmischen Verfahren der mathematischen Entscheidungsforschung nicht lösbar waren. Quantitative und qualitative Daten werden gleichberechtigt verarbeitet. Damit entfallen die Gefahren, die sich aus einer Ausklammerung oder künstlichen Quantifizierung qualitativer Einflüsse ergeben. Außerdem erlaubt sie die Behandlung von Problemen unter Unsicherheit, während die mathematische Entscheidungsforschung nur bei Entscheidungen unter Sicherheit und Risiko anwendbar ist. Die heuristische Programmierung kann damit eine wichtige Ergänzung der mathematischen Entscheidungsforschung werden. Sie unterliegt jedoch noch wesentlichen Beschränkungen, die eine Anwendung in größerem Ausmaß verfrüht erscheinen lassen:

1. die Analyse des Entscheidungsprozesses ist bis heute nicht genügend durchgeführt; nur für sehr begrenzte Gebiete liegen überhaupt Ergebnisse vor;

2. die elektronischen Datenverarbeitungsanlagen sind in ihrer Logik nicht auf Probleme der heuristischen Programmierung ausgerichtet; die heuristische Programmierung wird schnellere Computer mit größeren und schnelleren Speichern erfordern [183, S. 235];

3. die heuristische Programmierung erfordert einen sehr großen Programmieraufwand für den Computer, da die bis heute verfügbaren Programmsprachen für Probleme der heuristischen Programmierung nicht geeignet sind[16];

4. die bisher behandelten Probleme sind sehr begrenzt; auch in Zukunft scheint es zumindest fraglich, ob ein „General Problem Solver" [120, S. 26 ff.] programmiert werden kann.

Damit wird aber die heuristische Programmierung aus Wirtschaftlichkeitsgründen auf sich wiederholende Vorgänge beschränkt bleiben, die allerdings auf den ersten Blick vielleicht nicht als solche erkenntlich sind, da es sich nur um den wiederholten Vollzug von Entscheidungsregeln zu handeln braucht (z. B. Zusammenstellung eines Wertpapier-Portefeuilles).

Durch diese noch bestehenden Schwächen der heuristischen Programmierung scheint eine praktische Anwendung heute nur in Ausnahmefällen möglich zu sein, vor allem da die heuristische Programmierung noch im Forschungsstadium ist und eine wirtschaftliche Einsatzmöglichkeit vorläufig kaum denkbar ist. Wenn sie in dieser Arbeit trotzdem kurz dargestellt wurde, so vor allem deshalb, weil deutsche Literatur bis jetzt kaum vorhanden ist. Dann aber auch, weil die heuristische Programmierung zweifellos eine wertvolle Ergänzung der mathematischen Entscheidungsforschung werden kann, und damit für die Unternehmung Bedeutung erhält, auch wenn die folgende Voraussage von Simon nicht in vollem Umfang eintrifft: „Mit der heuristischen Programmierung

[16] Erste Versuche einer speziellen Programmiersprache der heuristischen Programmierung finden sich bei Newell, A. (Hrsg.) [63].

erwerben wir die technische Fähigkeit, nichtprogrammierte Entscheidungen zu automatisieren. Die beiden nächsten Jahrzehnte werden Veränderungen des betrieblichen Entscheidungsprozesses und der Unternehmensorganisation bringen, die ihre Ursache in dieser zweiten Phase der Revolution unserer Informationstechnologie haben" [76, S. 35].

2. Der Aufbau integrierter Datenverarbeitungssysteme

2.1 Die Planung beim Aufbau eines integrierten Systems

Der Erfolg bei der Einführung eines integrierten Systems hängt neben den fachlichen, systembezogenen Qualitäten der beteiligten Organisatoren und der Auswahl der richtigen Hilfsmittel zu einem wesentlichen Teil von der Wahl des Vorgehens ab. Die exakte Planung aller Arbeitsgänge, die für den Aufbau eines integrierten Systems notwendig sind, ist daher ein maßgeblicher Faktor für den Erfolg eines integrierten Systems[17]. Wie die Planung am besten aufgebaut wird und wie die wichtigsten Arbeitsgänge ablaufen, wird im folgenden besprochen.

Organisatorische Änderungen in einem Unternehmen haben ihren Ursprung in Abweichungen der Ergebnisse des Unternehmens (oder einer Abteilung) von den Sollvorstellungen. Die Abweichungen können verschiedenster Art sein, z. B. hohe Fluktuation, allgemein ansteigende Kosten, steigende Verwaltungskosten, sinkender Umsatz, schrumpfende Gewinne. Diese Abweichungen geben die Impulse für organisatorische Änderungen, die sehr unterschiedlich in Angriff genommen werden können. In der Vergangenheit wurde oft versucht, durch einzelne Änderungen eine organisatorische Verbesserung zu erreichen[18]. Diese Vorgehensweise führt beim Einsatz von elektronischen Datenverarbeitungsanlagen zu einer Reihe von mechanisierten Einzelproblemen, wobei die Vorteile, die sich aus einer integrierten Behandlung der meist funktional verbundenen Gebiete durch die gemeinsame Benutzung von Daten ergeben würden, nicht wahrgenommen werden können. Wenn dagegen das Unternehmen als ein System betrachtet wird, so müssen die verschiedenen Interdependenzen im System untersucht werden, was meistens zu umfassenderen, aber auch wirksameren organisatorischen Änderungen führt. Die Entscheidung, wie umfassend die organisatorischen Analysen und Maßnahmen sein sollen, muß der Unternehmensführung überlassen bleiben. Entschließt sich die Unternehmensführung, die Möglichkeiten eines integrierten Systems zu untersuchen, so muß sie zunächst den Rahmen abstecken und die allgemeinen Ziele setzen, auf denen eine Organisationsgruppe ihre Untersuchungen aufbauen kann. Die Einführung einer neuen

[17] Vgl. zu diesem Kapitel die allgemeineren Bücher und Artikel: [32; 95, S. 121 ff.; 86, S. 435 ff.; 110, S. 487 ff.; 150, S. 287 ff.].

[18] Die Amerikaner nennen es „fire-fighting approach“, [z. B. 62, S. 35].

Abb. 7: Plan zur Auswahl und zum Aufbau ein

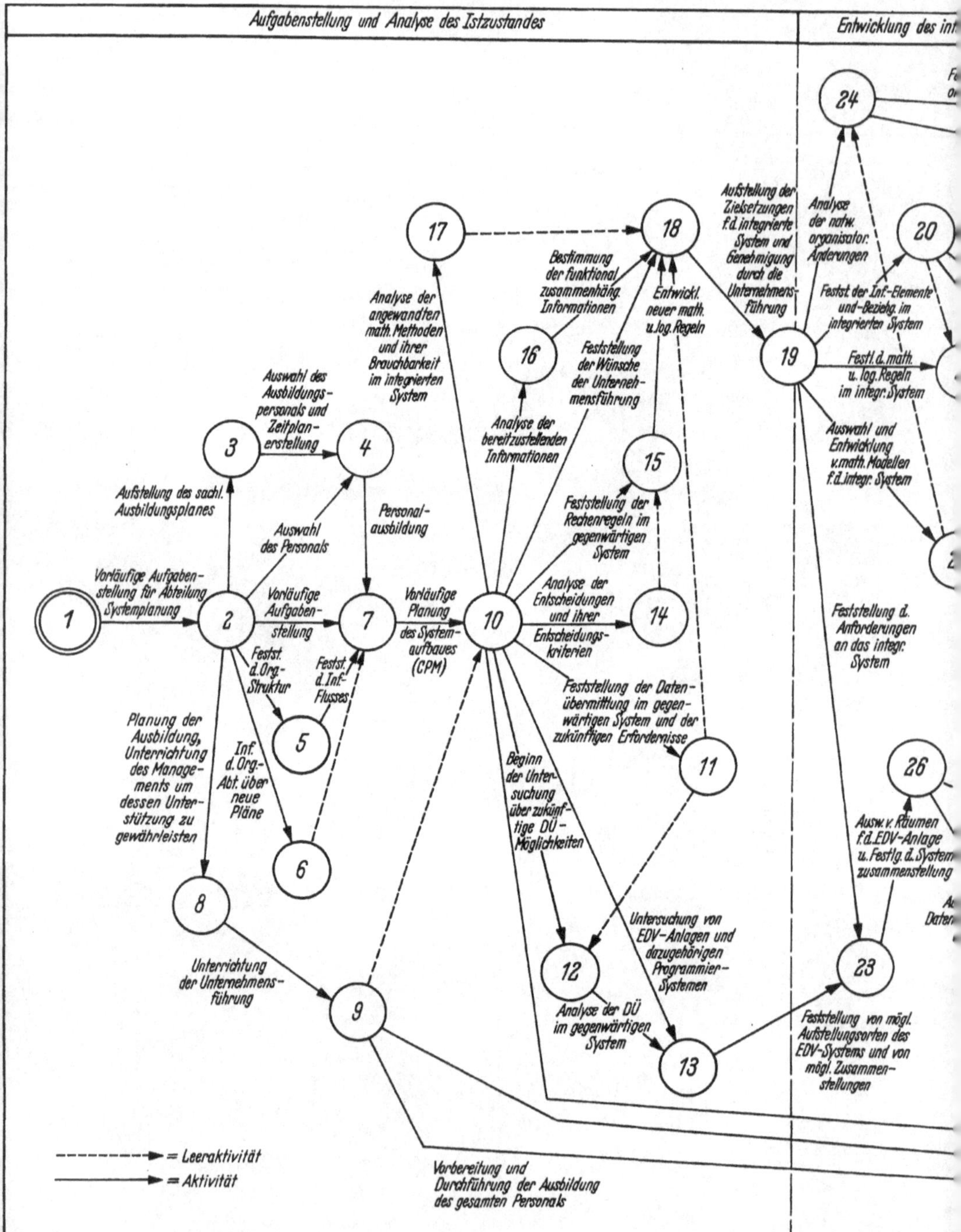

it elektronischen Datenverarbeitungsanlagen

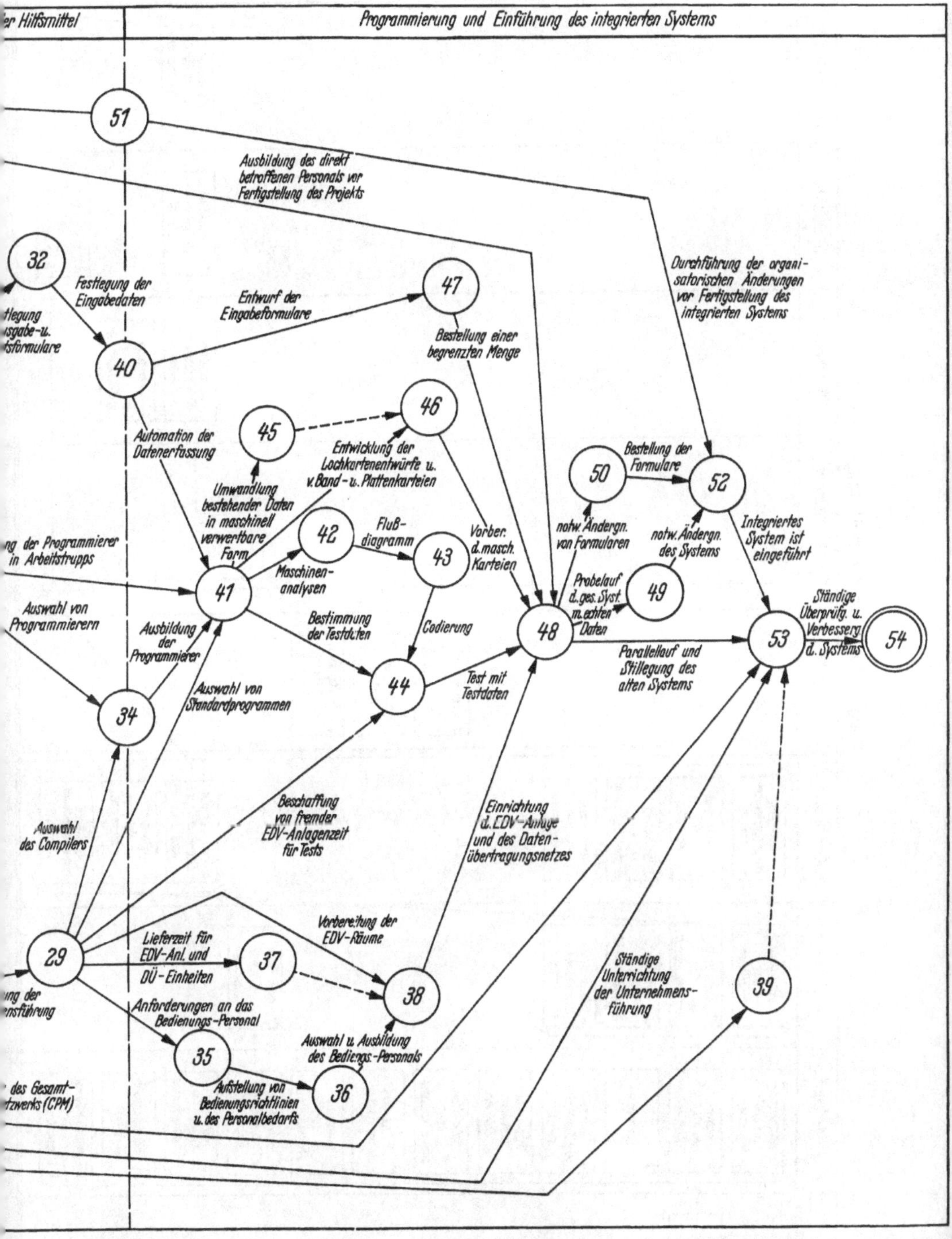

Abb. 8 Einrichtung einer EDV-Anlage

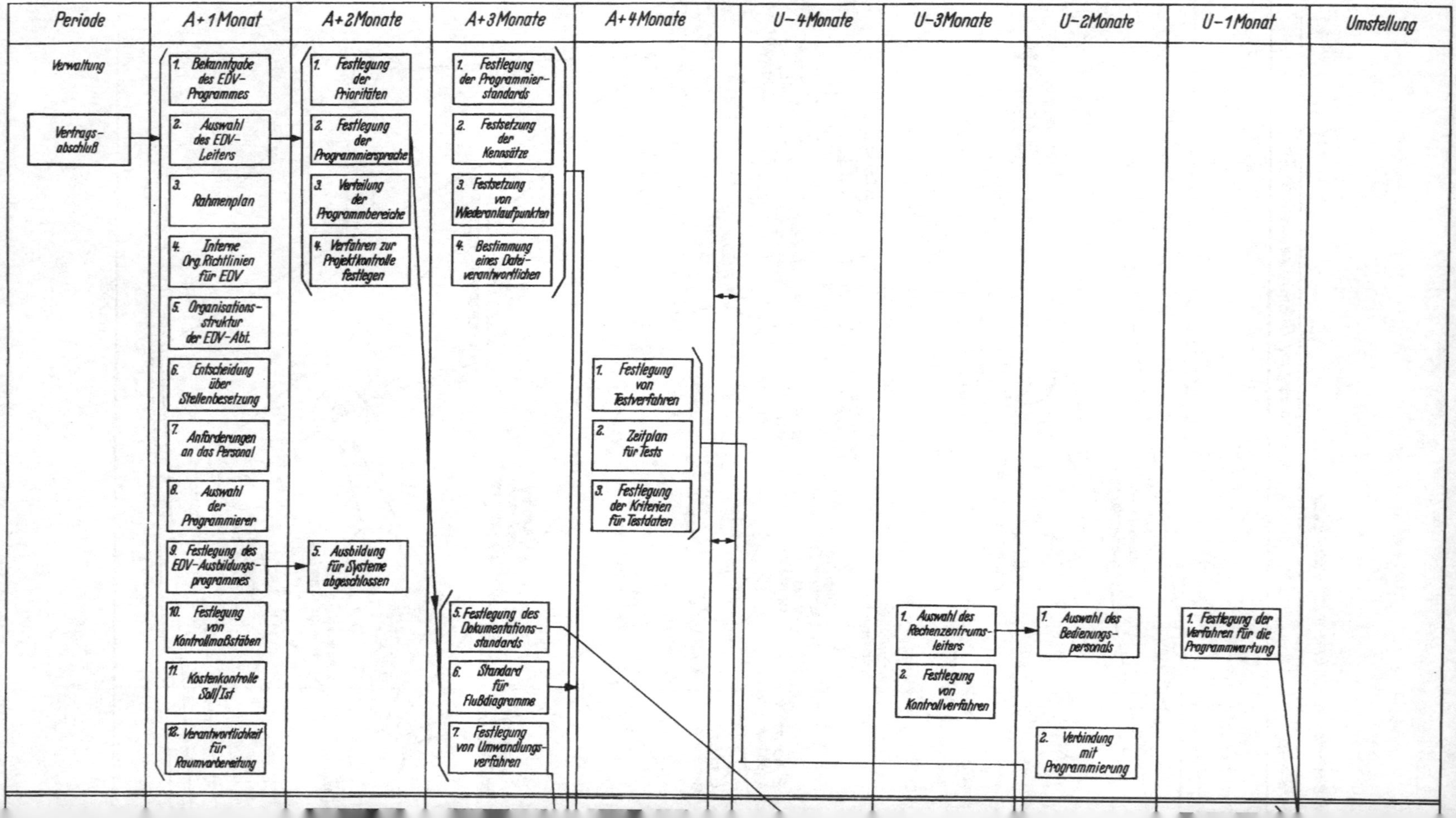

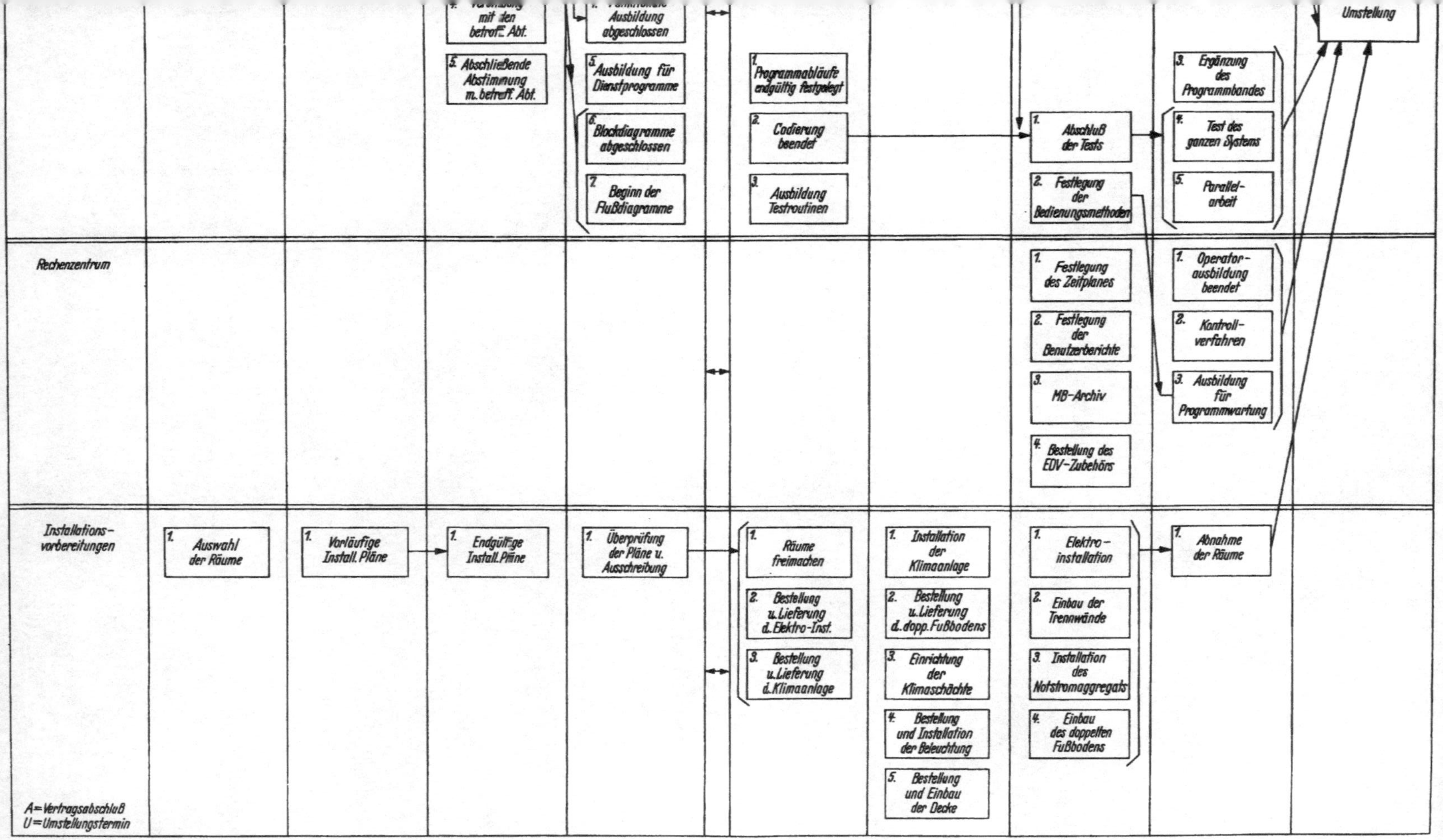

Umstellung
mit den betroff. Abt.
5. Abschließende Abstimmung m. betreff. Abt.
Ausbildung abgeschlossen
5. Ausbildung für Dienstprogramme
6. Blockdiagramme abgeschlossen
7. Beginn der Flußdiagramme
1. Programmabläufe endgültig festgelegt
2. Codierung beendet
3. Ausbildung Testroutinen
1. Abschluß der Tests
2. Festlegung der Bedienungsmethoden
3. Ergänzung des Programmbandes
4. Test des ganzen Systems
5. Parallel-arbeit
Rechenzentrum
1. Festlegung des Zeitplanes
2. Festlegung der Benutzerberichte
3. MB-Archiv
4. Bestellung des EDV-Zubehörs
1. Operator-ausbildung beendet
2. Kontroll-verfahren
3. Ausbildung für Programmwartung
Installations-vorbereitungen
1. Auswahl der Räume
1. Vorläufige Install. Pläne
1. Endgültige Install. Pläne
1. Überprüfung der Pläne u. Ausschreibung
1. Räume freimachen
2. Bestellung u. Lieferung d. Elektro-Inst.
3. Bestellung u. Lieferung d. Klimaanlage
1. Installation der Klimaanlage
2. Bestellung u. Lieferung d. dopp. Fußbodens
3. Einrichtung der Klimaschächte
4. Bestellung und Installation der Beleuchtung
5. Bestellung und Einbau der Decke
1. Elektro-installation
2. Einbau der Trennwände
3. Installation des Notstromaggregats
4. Einbau des doppelten Fußbodens
1. Abnahme der Räume
A=Vertragsabschluß
U=Umstellungstermin

Organisation, wie sie ein integriertes System darstellt, geschieht in drei Abschnitten:

1. Analyse des Ist-Zustandes und Aufstellung der Zielsetzungen für das neue System,
2. Gestaltung des neuen Systems und Auswahl der Hilfsmittel,
3. Programmierung und Einführung des neuen Systems.

Die Planung der einzelnen Schritte in diesen Abschnitten kann zunächst in Form eines Grobplans erfolgen. Um jedoch den Zeit- und Personalbedarf genauer erfassen zu können, empfiehlt sich die Planung der Gestaltung eines integrierten Systems mit Hilfe der Netzwerkmethode. Die Abbildung 7 zeigt ein Netzwerk (CPM) mit den einzelnen Funktionen, die beim Aufbau eines integrierten Systems von Bedeutung sind. Das Netzwerk ist stark vereinfacht. Fast jede Aktivität kann weiter unterteilt werden[19]. Das Netzwerk spricht für sich und wird im Detail nicht weiter besprochen. Zu einer Zeit- und Kapazitätsplanung müssen im Einzelfall für jede Aktivität die entsprechenden Werte eingesetzt werden, bevor dann auf einer elektronischen Datenverarbeitungsanlage die Termine und der kritische Weg errechnet werden.

Ohne weitere Erläuterung ist in Abb. 8 eine andere Möglichkeit der Planung dargestellt [170]. Allerdings beschränkt sich dieses Beispiel auf die für die Installationsplanung eines Datenverarbeitungssystems notwendigen organisatorischen und technischen Arbeiten. Dieser Plan bzw. Pläne dieser Art lehnen sich durch das Aufzeigen der funktionalen Verbindungen an die Netzwerkplanung an und können leicht aus ihr abgeleitet werden. Netzwerke bieten jedoch den Vorteil der maschinellen Verarbeitbarkeit, der ständigen Überwachung des kritischen Wegs und der größeren Flexibilität.

Es empfiehlt sich, für das Projekt von Anfang an einige Arbeitsgruppen zu bilden, deren Aufgaben jeweils im Netzwerk klar definiert werden. Gruppen von besonderer Bedeutung sind dabei:

1. Gruppe *Organisation* zur Analyse des Ist-Zustandes und zum Aufbau des strukturellen Gerippes des integrierten Systems. Diese Gruppe wird vorteilhaft aus Vertretern der betroffenen Abteilungen gebildet, um deren Fachwissen zu nutzen und deren Mitspracherecht zu gewähren. Damit können psychologische Widerstände gegen das System an der Wurzel beseitigt werden.

2. Gruppe *Information* zur Analyse der Entscheidungen, sowie der Ein/Ausgabeinformationen, sowie zum Aufbau der Karteien im automatischen System. Durch diese zentrale Bearbeitung der Karteien wird eine

[19] Ein Beispiel hierfür findet sich in einer IBM-Veröffentlichung [138], in der die Installation der Datenverarbeitungsanlage allein durch ein umfangreiches Netzwerk dargestellt ist, oder auch in den BULL Informationen [102].

optimale Gestaltung des Informationszentrums ohne Doppelarbeiten möglich.

3. Gruppe *Optimierung* zur Auswahl und zum Aufbau von Modellen der Entscheidungsforschung.

4. Gruppe *Datenverarbeitung* zur Auswahl der elektronischen Datenverarbeitungsanlage und deren Software sowie zur Analyse der Datenübertragungsprobleme.

Weitere Gruppen haben sich insbesondere mit der Programmierung, sowie mit der Unterrichtung der Unternehmensführung und der Ausbildung zu beschäftigen. Bevor auf die wichtigsten Phasen beim Aufbau eines integrierten Systems näher eingegangen wird, soll ein kurzer Überblick über die drei Abschnitte beim Aufbau eines integrierten Systems gegeben werden.

Vor jeder organisatorischen Umstellung muß eine sorgfältige Analyse des gegenwärtigen Systems durchgeführt werden. Dabei darf nicht nur die innere Organisation des Unternehmens betrachtet werden, sondern es müssen die technischen, personellen und finanziellen Gegebenheiten des Betriebes ebenso wie die Einflüsse vom Markt her berücksichtigt werden. Alle Untersuchungen sollten von den Informationen und Entscheidungen des Systems ausgehen. Für die Planung, zur Steuerung und Kontrolle müssen Informationen bereitgestellt und an die entsprechenden Stellen weitergeleitet werden. Aus der Analyse dieser Zusammenhänge kann der zweckmäßigste Informationsfluß ebenso abgeleitet werden [180, S. 2, zitiert in 35, S. 272], wie auch der beste Aufbau der Karteien in einem Datenverarbeitungszentrum. Bei der Aufstellung der Ziele für das integrierte System liefert die langfristige Unternehmensplanung Anhaltspunkte. Darüber hinaus müssen jedoch die Ziele in direkter Zusammenarbeit mit der Unternehmensführung aufgestellt werden. Die neue Organisation wird meist grundlegende Änderungen bringen, so daß die Mitarbeit und Unterstützung der Unternehmensführung von Beginn an gewährleistet sein muß.

Die Analyse der Zielsetzungen und ihrer Bedeutung für die Gestaltung eines integrierten Systems ist der erste Schritt bei der Synthese. Darauf aufbauend werden die organisatorischen und technischen Hilfsmittel ausgewählt. Die Hilfsmittel werden auf die Erfordernisse des neuen Systems eingestellt und in der organisatorischen Gesamtkonzeption integriert. In diesem Integrationsprozeß entscheidet sich wesentlich die Funktionsfähigkeit des neuen Systems.

Die bisherigen Aktivitäten umfaßten die gestaltende Tätigkeit beim Aufbau des integrierten Systems. Die Programmierung und die Einführung des neuen Systems sind durchführende Arbeiten, die jedoch in ihrer Bedeutung gegenüber den gestaltenden Funktionen nicht zurückstehen.

Bei diesen Arbeiten entscheidet sich die Wirtschaftlichkeit des entworfenen Systems in seinem späteren Ablauf. Die Ausbildung des Personals muß von Anfang an geplant werden, da bei allen organisatorischen Änderungen neben sachlichen vor allem psychologische Schwierigkeiten überwunden werden müssen. Durch eine rechtzeitige Unterrichtung und Ausbildung aller betroffenen Mitarbeiter können diese personellen Schwierigkeiten wenigstens teilweise beseitigt werden. Die Umstellung auf integrierte Systeme wird dadurch wesentlich erleichtert.

2.2 Analyse des Systems

2.21 Aufbau- und Ablaufanalyse

Der Aufbau eines integrierten Systems verlangt Änderungen der bisherigen Organisation. Die Grundlage der Änderung eines Organismus, wie ihn die Organisation eines Unternehmens darstellt, ist eine genaue Kenntnis des Ist-Zustandes. Nur auf dieser Basis kann auch eine so umfassende organisatorische Maßnahme wie der Aufbau eines integrierten Systems durchgeführt werden. Die herkömmliche Organisationsanalyse stellt die Aufbau- und Ablaufanalyse in den Mittelpunkt. Auch für den Aufbau von integrierten Systemen sind diese Untersuchungen die Grundlage und sollen daher zuerst behandelt werden. Von wesentlich größerer Bedeutung ist jedoch die Informations- und Entscheidungsanalyse, die im folgenden Abschnitt behandelt wird.

Das einfachste Modell eines Unternehmens stellt ein Organisationsplan dar. „Organisationspläne sind Schaubilder der Dienststellengliederung des Betriebes, geordnet nach Rangstufen. Zeichnerisch sind es meist Systeme von Rechtecken, die durch verschiedenartige Linien miteinander verbunden sein können. Jedes dieser Kästchen stellt eine organisatorische Einheit, eine Dienststelle dar ... Organisationspläne sind erstklassige Informationsquellen. Klarheit und Übersichtlichkeit gehören zu den Wesensmerkmalen" [94, S. 531][20]. Trotz dieser von Berger aufgeführten Eigenschaften ist die Anwendung von Organisationsplänen beim Aufbau integrierter Systeme beschränkt. Sie sind notwendig, um die gegenwärtige Struktur des Unternehmens in bezug auf die Hierarchie und die Funktionsteilung klar festzuhalten und um dadurch bei den späteren Änderungen der Organisationsstruktur den Ausgangspunkt zu haben.

[20] Vgl. dazu auch [26; 64; 84, S. 405 ff.; 85, S. 110 f.]. In diesen Beiträgen findet sich auch eine ausführliche Darstellung von Wesen und Bedeutung, sowie über das Aufstellen von Organisationsplänen. Auf diese Punkte wird nicht weiter eingegangen.

Auch die psychologischen Schwierigkeiten bei organisatorischen Umstellungen lassen sich mit Hilfe von Organisationsplänen teilweise erklären und vermeiden. Die Organisationspläne stellen der Aufgabenstellung nach vor allem die Aufgabenteilung in einer Unternehmung dar. In einem integrierten System spielt jedoch die Aufgabenteilung nicht mehr die Rolle wie in der bisher üblichen Organisation. Statt dessen soll ein integriertes Informations- und Entscheidungssystem aufgebaut werden, das die durch die oft willkürlichen Kompetenzabgrenzungen entstandenen Trennlinien beseitigt.

Demgegenüber hat die Ablaufanalyse bei der Planung eines integrierten Systems eine größere Bedeutung, da sie als Grundlage für die Entscheidungs- und Informationsanalyse dienen kann. Außerdem ist die Feststellung des gegenwärtigen Ablaufs notwendig, um später im Vergleich mit dem Sollzustand die notwendigen Änderungen erkennen zu können. „Bei der Betrachtung der Abläufe ist der Blick auf den Weg gerichtet, den die Arbeitsobjekte durch die Organisation nehmen und darauf, wie sich die Objekte dabei verändern" [85, S. 119][21]. Als Arbeitsobjekte bezeichnet Acker betriebliche Aufgaben [41, S. 24], bzw. die damit zusammenhängenden Informationen. Die Ablaufanalyse kann daher auch als Analyse des Informationsflusses in einer Unternehmung aufgefaßt werden. Die Informationen werden aber nur global im Zusammenhang mit bestimmten Aufgaben untersucht. Einzelne Arbeitsabläufe werden zu Übersichtsschaubildern zusammengefaßt. Da zu den Untersuchungen des Ablaufs und der verwendeten Arbeitsmittel auch Zeit- und Frequenzermittlungen kommen [84, S. 452], ist die Ablaufanalyse eine ausgezeichnete Grundlage bei der späteren Untersuchung von Kommunikationsproblemen für den Aufbau eines integrierten Systems. Wesentlich ist bei den Untersuchungen auch die Ermittlung der Kosten für die einzelnen Schritte des Ablaufs. Diese Kosten werden für spätere Kostenvergleiche benötigt. Die Ablaufanalyse beschränkt sich auf die Untersuchung der Abläufe, die zur Erledigung der Arbeiten des betrieblichen Alltags dienen. Die Abläufe der einmaligen Probleme, die nicht in das integrierte System eingebaut werden sollen, müssen Spezialuntersuchungen vorbehalten bleiben.

Bei der Erstellung von Organisationsplänen und Ablaufdiagrammen kann auf evtl. vorhandene Unterlagen zurückgegriffen werden, die aber auf jeden Fall überprüft werden müssen. Zur Neuerstellung und Überprüfung, bei der auch der informellen Organisation Rechnung getragen werden muß, stehen die Interview- und die Fragebogentechnik zur Ver-

[21] Auf das Vorgehen beim Erstellen einer Ablaufanalyse wird nicht weiter eingegangen [dazu 84, S. 451 ff.].

fügung [84, S. 412 ff.]. Auch bei der Verwendung von Fragebogen kann jedoch auf ergänzende Interviews nicht verzichtet werden. In jedem Fall sollte von Anfang an darauf geachtet werden, daß bei den Untersuchungen die detaillierteren Fragestellungen der Informations- und Entscheidungsanalyse berücksichtigt werden.

Um die Kommunikation mit den betroffenen Abteilungen zu erleichtern, sollte man die Ablaufanalyse übersichtlich und Praxis bezogen durchführen. Es empfiehlt sich, durch eine bildliche Darstellung den Zusammenhang zwischen den physischen Abläufen in der Firma und dem Informationsfluß verständlich zu machen. Abb. 9 ist ein Beispiel hierfür [24].

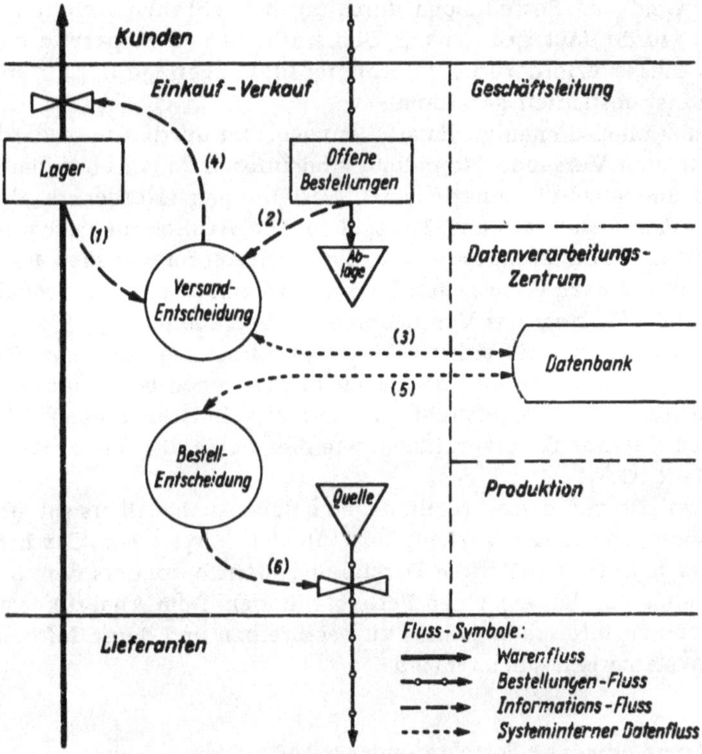

Abb. 9: Bildliche Darstellung der betrieblichen Flüsse.

Zunächst wurden als räumliche Flächen die betroffenen Abteilungen, wie Einkauf—Verkauf, Datenverarbeitung und Geschäftsleitung abgegrenzt. Außerhalb des Firmenbereichs und daher mit durchgezogenen Linien abgegrenzt liegen die Lieferanten und die Kunden. Danach wurden die physischen Flüsse von Waren, Geld, Bestellungen etc. zwischen den Bereichen und durch sie hindurch eingezeichnet. Im vorliegenden Fall beschränkte man sich auf den Materialfluß, der durch eine dicke, durchgezogene Linie symbolisiert ist, und den Bestellungsfluß, der durch eine strich-punktierte Linie dargestellt ist. Waren von Lieferanten fließen in ein Lager, das durch ein Rechteck symbolisiert ist, und von dort wieder zu den Kunden hinaus. Die Bestellungen andererseits nehmen den umgekehrten Weg, indem sie von den Kunden an die Lageradministration gelangen, wo sie vorübergehend ein „Lager" von nicht-ausgelieferten Bestellungen bilden, und nach Erledigung in einer Kartei abgelegt werden. Nach Erfordernis werden dann wieder Bestellungen an die Lieferanten ausgegeben. Nachdem so das Verständnis des physischen Flusses von Gütern, Geld und Bestellungen durch die betrieblichen Abteilungen gewonnen wurde, läßt sich der zur Überwachung und Steuerung der physischen Flüsse erforderliche Informationsfluß überlagern. Der Informationsfluß ist gestrichelt gezeichnet.

Informationen dienen zu Entscheidungen, die durch Kreise dargestellt sind. Für eine Versandentscheidung sind Informationen über den Lagerbestand und über die ausstehenden Bestellungen erforderlich, die über die Informationsflüsse 1 und 2 eingehen. Die Auslieferungsentscheidung resultiert in Auslieferungspapieren, die durch Informationsfluß 4 symbolisiert sind und dazu dienen, den Fluß der Waren in das Kundengebiet zu steuern. Hierfür steht das Ventilsymbol im Warenfluß.

Auf diese Weise läßt sich ein klares Bild über die einzelnen Entscheidungen und die hierzu erforderlichen Informationen gewinnen. Wird ein integriertes System angestrebt, so sind alle Entscheidungen mit einer zentralen Datenbank zu verbinden, wie dies durch die punktierten Linien dargestellt ist.

Man erhält mit dieser Methode eine lebensnahe Übersicht über die Datenflüsse und deren Verknüpfung mit dem physischen Geschehen im Unternehmen. Diese bildliche Darstellung dient besonders dem besseren Verständnis bei den einzelnen Fachabteilungen. Dem Analytiker hilft sie die einzelnen Informationsflüsse zu beschreiben und deren Informationsinhalt systematisch aufzunehmen.

2.22 Informations- und Entscheidungsanalyse

Der wichtigste Schritt der Systemanalyse als Vorbereitung für den Aufbau eines integrierten Systems ist die Informations- und Entscheidungsanalyse[22]. Sie ergibt die Aufgabenstellung als Grundlage der opti-

[22] Untersuchungen dieser Art für das gesamte Unternehmen sind in der Literatur kaum zu finden. Für Einzelprobleme finden sich Darstellungen in der Literatur über mathematische Entscheidungsforschung [z. B. 16, S. 28 ff. u. S. 73 ff.].

malen Gestaltung des Informations- und Entscheidungssystems. Die Analyse ist nicht nur eine Ist-Aufnahme, sondern sie soll die notwendigen Informationen für den Systemablauf ermitteln und in einheitliche „Dateien", d. h. Datenspeicher einteilen. Die folgenden Schritte sind dazu erforderlich:

1. Bestimmung der Daten des gegenwärtigen Informationswesens und ihrer funktionalen Verknüpfungen, sowie deren Zuordnung zu einheitlichen Datenspeichern (Zentraldateien).
2. Analyse der Entscheidungen, sowie Bestimmung der Verarbeitungsregeln.
3. Analyse der notwendigen Daten zur Planung, Steuerung und Kontrolle.

Der gesamte Prozeß ist die Kombination einer Analyse des bestehenden Informationswesens und einer Untersuchung der tatsächlichen Informationsbedürfnisse des Management, die ergänzt wird durch das Abwägen von Kosten und Ertrag bestimmter Informationen.

Bestimmte Daten und Berichte erfüllen eine Menge verschiedener Aufgaben in einem Unternehmen. Da die meisten Unternehmungen und ihre Informationswesen funktional aufgebaut sind, ist es schwierig, die Analyse so durchzuführen, daß sie für die Gestaltung eines integrierten Systems geeignet ist. In Wirklichkeit ist die Aufgabenstellung für das Informationswesen nicht funktional. Lediglich die bestehenden Lösungen sind auf Grund des Standes der Organisationstheorie wie der vorhandenen Hilfsmittel funktional. Das Problem ist also, wie ein funktional aufgebautes System als ein Ganzes analysiert werden kann.

Um das zu ermöglichen, wird eine Klassifizierung der Daten in die natürlichen Problemkreise vorgenommen. Daraus ergeben sich „Zentraldateien", durch die eine integrierte Informationsverarbeitung möglich wird. Die Aufteilung der Daten kann in folgende Gruppen vorgenommen werden: Kundendatei, Lieferantendatei, Material- und Lagerdatei, Produktionsdatei, Personaldatei, Datei der Finanz- und Betriebsbuchhaltung. Diese Dateien sind das Kernstück des Informationswesens und alle Informationen zur laufenden Führung des Betriebes müssen darin enthalten sein [33, S. 113]. Die Informationen können dabei vor allem nach zwei Gesichtspunkten unterteilt werden:

Nach ihrem Ursprung in:

1. Informationen, die den Kontakt mit der der Außenwelt betreffen — d. h. über Absatzmarkt, Beschaffungsmarkt, gesetzliche Vorschriften.
2. Informationen, die die Innensphäre des Betriebes betreffen.

Nach ihrer Verwendung in:

1. Operationale Informationen, die zur Entscheidungsfindung, sowie zur Planung und Steuerung des Unternehmens dienen,

2. Informationen, die zur Kontrolle des Unternehmens benötigt werden,
3. Informationen, die auf Grund gesetzlicher Bestimmungen aufbereitet werden müssen.

Vor allem die Unterteilung der Informationen nach ihrer Verwendung ist für die Informationsanalyse wichtig, denn danach kann bei den einzelnen Datenelementen entschieden werden, wo sie in den Zentraldateien gespeichert werden sollen. Von großer Bedeutung ist auch die Ermittlung der funktionalen Zusammenhänge, denn Daten, die oft zusammen gebraucht werden, sollten so angeordnet werden, daß sie auch leicht zusammen erreichbar sind. Eine Gruppe von Informationen, die aus dem sonstigen Rahmen etwas herausfällt, sind die Informationen, die auf Grund gesetzlicher Bestimmungen aufbereitet werden müssen. Die Daten, die damit zusammenhängen, fallen entweder in die ersten beiden Gruppen, oder aber sie würden ohne die bestehenden gesetzlichen Bestimmungen (Revision, ordnungsgemäße Buchführung, Bilanzierung) gar nicht mehr festgehalten. Es ist daher bei der Informationsanalyse notwendig, auch die gesetzlichen Vorschriften zu beachten, die den Organisatoren in vielen Fällen nicht ausreichend bekannt sind. Diese Datenerfordernisse würden sonst bei der Entscheidungsanalyse nicht erkannt.

Es ist selten, daß die in einem bestehenden System bereitgestellten Informationen den Bedürfnissen der Unternehmensführung gerecht werden. Das kann verschiedene, sachliche oder psychologische, Gründe haben. Der schwierigste Teil der Informations- und Entscheidungsanalyse ist daher die Bestimmung der tatsächlich notwendigen Daten zur Führung des Systems. Die notwendigen Schritte dazu sind einfach und logisch, doch zeigen sich ganz besonders in dieser Phase die Fähigkeiten des Teams, das die Analyse durchführt. Neben den Fähigkeiten des Teams, das die Methoden der Unternehmensführung genau kennen muß, ist besonders eine enge Zusammenarbeit mit der Unternehmensführung notwendig. Außerdem müssen die Zielsetzungen der Unternehmung, sowie die Ergebnisse der Aufbau- und Ablaufanalyse verarbeitet sein, bevor die eigentliche Entscheidungsanalyse in Angriff genommen wird. Die Vorgehensweise bei der Durchführung dieser Analyse ist, wie gesagt, einfach und kann in vier Schritte eingeteilt werden:

(1) Befragung des Management zur Ermittlung der verfügbaren Informationen. Alle Ebenen und alle Abteilungen müssen berücksichtigt werden, wobei die Fragen auf Ebene und Funktion des Befragten abgestellt sein müssen. Durch die Befragung sollen die Informationsbedürfnisse des Management für Planung und Kontrolle ebenso festgestellt werden, wie die Art, in der die verfügbaren Informationen benutzt werden. Natürlich ist es nicht sinnvoll, einen Manager nach seinem Informationsbedarf zu fragen und dann eine vollständige Aufzählung zu erwarten. Wenn jedoch

im voraus schon alle Daten festgehalten wurden, die er nach anderen Untersuchungen empfängt und wenn durch die Aufbau- und Ablaufanalyse die auszuübende Funktion bekannt ist, dann sollten in einem längeren Befragungs- und Beobachtungszeitraum gute Ergebnisse erzielt werden.

(2) Analyse der erhaltenen Ergebnisse. Hier werden die erhaltenen Ergebnisse mit den Informationen verglichen, über die der Befragte nach theoretischen Untersuchungen zur Planung und Kontrolle seines Funktionsbereiches verfügen müßte. Wenn dabei Differenzen auftreten, können nachfolgende Gespräche Informationsbedürfnisse aufdecken, die vorher aus verschiedenen Gründen nicht genannt wurden:

a) die Informationen wurden informell gegeben,
b) der Befragte hat die Informationen gesichtet, da er manche für überflüssig, andere für zu teuer hielt. Eine solche Sichtung wird notwendig sein, doch muß dabei auf die Möglichkeiten und Erfordernisse des integrierten Systems Rücksicht genommen werden,
c) der Befragte konnte die gegenwärtigen Grundlagen seiner Entscheidungen nicht angeben,
d) der Befragte war an seine Arbeitsweise gewöhnt und dachte nicht an mögliche Zusatzinformationen für seine Entscheidungen.

(3) Neben dieser Informationsfeststellung müssen die Entscheidungen analysiert werden, die ein Funktionsträger zur laufenden Führung des Betriebes trifft. Die Problematik bei Entscheidungen, wie zusätzlicher Informationsbedarf oder Optimierungsprobleme, muß genau festgelegt werden. Wichtig ist die Feststellung, ob es sich um programmierte Entscheidungen handelt, oder ob sie programmiert werden können. In diesen Fällen empfiehlt sich die Aufstellung von Entscheidungstabellen [Abb. 10], in denen die logischen und quantitativen Beziehungen als Grundlage der Entscheidungen festgehalten werden. In dieser Phase muß auch festgestellt werden, ob bereits mathematische Modelle als Hilfsmittel zur Entscheidungsfindung benutzt werden.

	Entscheidungsregeln:	(1)	(2)	(3)	(4)	(5)
Bedingungen	Passagier wünscht	1. Klasse	1. Klasse	1. Klasse	Touristen-Kl.	Touristen-Kl.
	1. Klasse noch frei	Ja	Nein	Nein		
	Touristenklasse noch frei		Ja	Nein	Ja	Nein
Folge	Karte ausstellen auf	1. Klasse	Touristen-Kl.		Touristen-Kl.	
	Passagier auf Warteliste setzen			×		×

Abb. 10: Entscheidungstabelle.

(4) Der letzte Schritt ist die Zusammenfassung der einzelnen Befragungen und die Abstimmung mit den Zentraldateien, um ein Gesamtbild der Informationsbedürfnisse im System zu erhalten. Die Bestimmung der bisher nicht erfüllten Informationsbedürfnisse und die Ermittlung der ungefähren Kosten zu ihrer Beschaffung gehört dazu. Den ermittelten Kosten wird der geschätzte Wert der Information gegenübergestellt. Unnötige Informationen werden ausgeschaltet; dazu gehört die doppelte Speicherung von Daten, zu häufige oder unnötige Berichterstattung (Mißachtung des Prinzips „management by exception") etc. Ziel dieser Bemühungen ist vor allem die optimale Gestaltung der Zentraldateien.

Diese Arbeiten, bei denen das gesamte Unternehmen untersucht wird, gehören teilweise schon zum Entwurf des Systems. Es ist möglich, daß das integrierte System nur in Etappen realisiert wird. Trotzdem muß die bisher besprochene Analyse der Informationsbedürfnisse für das gesamte System durchgeführt werden. Das erfordert zwar einen hohen Aufwand, doch ist es notwendig, um den Grobplan für das integrierte System entwerfen zu können und dadurch bei einer Realisierung des Systems in Etappen Doppelarbeiten zu vermeiden. Die Analyse bringt auch einige direkte Vorteile, die nicht unbedingt an ein integriertes System gebunden sind; nicht befriedigte Informationsbedürfnisse können in manchen Fällen ohne großen Aufwand erfüllt werden, ähnliche Bedürfnisse in verschiedenen Abteilungen können in einheitliche Berichte konsolidiert werden, unnötige Berichte werden erkannt und die Analyse kann für die Unternehmensführung ein gutes Hilfsmittel für organisatorische Maßnahmen aller Art sein.

2.23 Datenstrukturanalyse

Nachdem die gewünschten Informationen und die hierzu erforderlichen Daten analysiert wurden, bleibt noch der strukturelle Zusammenhang dieser Daten zu beschreiben. Zu diesem Zweck seien zunächst die drei Grundformen der Datenverknüpfung behandelt.

Die einfachste Form ist die sequentielle Datenverknüpfung, wie sie in Abb. 11 gezeigt ist. Jeder Datensatz verweist nur auf den unmittelbar nachfolgenden, also A auf B, B auf C etc. Der direkte Sprung von A auf D ist nicht möglich ohne in sequentieller Folge über die Sätze B und C zu gehen. Bei gewissen Anwendungen kann die Suchzeit verringert werden, indem man auch eine sequentielle Rückwärtsverknüpfung einführt. Man spricht dann von einer Zwei-Weg-Liste.

Abb. 12 zeigt eine Datenverknüpfung in Baum-Struktur. Diese Form trägt der hierarchischen Stellung der Datensätze Rechnung. Satz A hat zwei untergeordnete Sätze, nämlich B und C, die ihrerseits wieder tiefer gestellte Sätze besitzen. Damit ergibt sich eine Baumstruktur, wie sie von

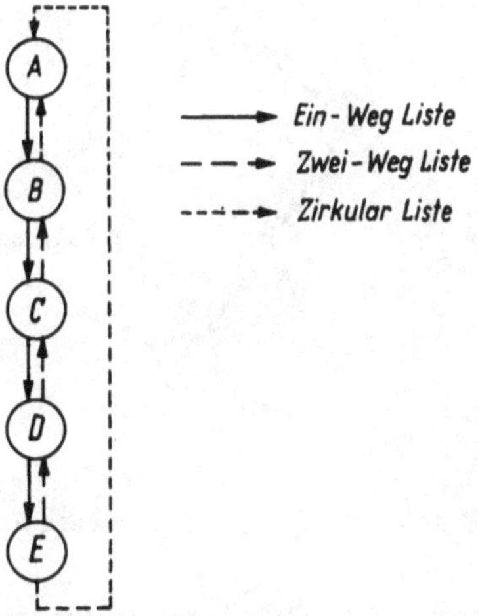

Abb. 11: Sequentielle Datenverknüpfung.

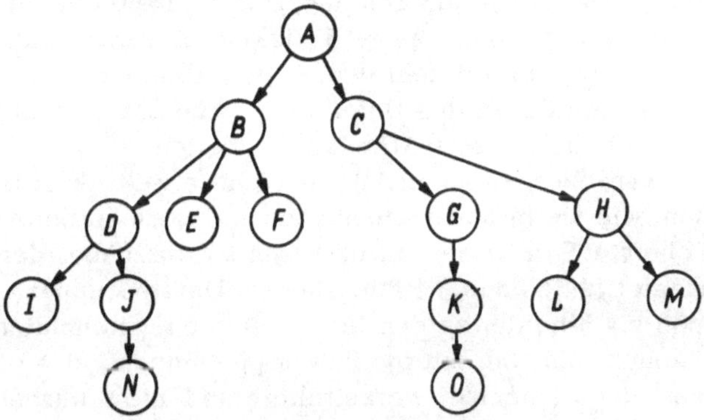

Abb. 12: Datenverknüpfung in Baum-Struktur.

Organisationsschemen her bekannt ist. Es ist zu beachten, daß in einer Baumstruktur ein untergeordneter Satz immer nur *einen* übergeordneten, d. h. nur *einen* Besitzer haben kann.

Läßt man die Einschränkung nach nur einem Besitzer fallen, kommt man zur Netzwerkstruktur, wie sie in Abb. 13 dargestellt ist. Satz E hat darin gleich drei Besitzer, nämlich B, C, und F. Die Netzwerkstruktur ist somit die allgemeinste Datenverknüpfung, da sie beliebige Verbindungen in allen Richtungen zuläßt.

Dort wo lediglich Folgen von Geschäftsabläufen gespeichert werden, wie etwa Bestellungen, Lieferungen oder Wareneingänge, hat man se-

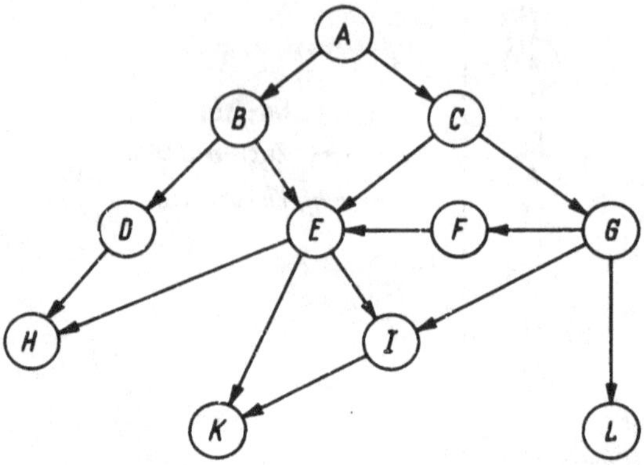

Abb. 13: Datenverknüpfung in Netzwerk-Struktur.

quentielle Datenbestände. Baum-Strukturen treten meist in informativen Dateien auf, beispielsweise in einer Personal-Datei. Darin mag jedem Angestellten ein Stammsatz zugeteilt sein, der seine unveränderlichen Daten wie Name, Geburtsdatum und andere Merkmale enthält. In untergeordneten Sätzen kann dann seine Tätigkeit in verschiedenen Abteilungen der Firma gespeichert sein, wobei pro Abteilungs-Satz nochmals Untersätze bestehen können, die Daten über seine Lohnerhöhungen oder Beförderungen innerhalb dieser Abteilung enthalten.

Das instruktivste Beispiel einer Datei in Netzwerk-Struktur ist in Teileverzeichnissen, wie sie in der mechanischen Industrie zu finden sind, gegeben. Der oberste Satz in der Struktur entspricht dabei dem fertigen Produkt. Darunter findet man die Baugruppen, Unter-Gruppen und Unter-Unter-Gruppen bis hinunter zu den Einzelteilen oder Rohmaterialien. Da ein Teil oft in mehr als eine einzige Baugruppe eingeht, also oft mehrere „Besitzer" hat, liegt eine Netzwerkstruktur und nicht nur eine Baum-Struktur vor.

Die Bearbeitung und Verwaltung dieser Datenstrukturen stellt recht unterschiedliche Anforderungen an die elektronische Datenverarbeitung inbezug auf Hardware wie auch auf Software. Je allgemeiner die Verknüpfungsart, desto komplizierter sind die Software-Systeme und damit verbunden verlängern sich auch die Maschinenzeiten. Es wäre daher verschwenderisch, gleich mit der allgemeinsten Form, d. h. der Netzwerk-Struktur, bei allen Dateien beginnen zu wollen, und damit für alle Fälle gerüstet zu sein. Ein solches System könnte unter der Last seiner Software zusammenbrechen. Wichtiger ist, von der Informationsseite her die strukturellen Zusammenhänge der Daten genau zu untersuchen, entsprechende Klassen zu bilden und danach die verschieden strukturierten Dateien aufzubauen.

2.3 Synthese des Systems

2.31 Zielsetzungen für die Gestaltung des Systems

Die Zielsetzungen integrierter Systeme, die im ersten Abschnitt aufgestellt wurden, reichen für die Gestaltung integrierter Systeme nicht aus; als Leitmaximen sind sie immer gültig. Es ist notwendig, diese Idealziele nach den Erkenntnissen aus der Systemanalyse und dem von der Unternehmensführung abgesteckten Rahmen auf die Realität zu beziehen und die Ziele damit individuell auf eine Unternehmung abzustellen. Nur dadurch können unnötige Arbeiten bei dem folgenden Entwurf des Systems vermieden werden.

Vor Beginn der Untersuchungen wurde von der Unternehmensführung bereits die Grundsatzentscheidung getroffen, ob ein integriertes System aufgebaut werden soll. Das angegebene Netzwerk [Abb. 7] bezieht sich auf die Planung eines integrierten Systems in einem Guß. Auf Grund der durchgeführten Systemanalyse können die notwendigen Änderungen und der ungefähre Kosten- und Zeitaufwand für den Aufbau eines integrierten Systems bzw. für Teillösungen geschätzt werden. Nach diesen Angaben muß die Unternehmensführung, deren Entscheidungen finanziellen und personellen Beschränkungen unterliegen, sich entschließen, wie beim Aufbau eines integrierten Systems vorgegangen werden soll. In vielen Fällen wird es nicht möglich sein, das System vollständig aufzubauen, so daß es das gesamte Unternehmen umfaßt. Auch in großen Unternehmen empfiehlt sich meist ein Vorgehen in Schritten. Das beschrieb der Leiter der Systemplanung eines großen amerikanischen Unternehmens wie folgt: „Der Aufbau eines integrierten Systems für unsere Unternehmung wurde durch die Unterteilung des Informationsflusses in eine Reihe von Hauptsystemen erreicht, die wiederum in größere Untersysteme geteilt werden etc. Schließlich ... erreichten wir die Stufe, wo wir Unter-Unter-Systeme haben, die Teile eines Untersystems sind, die wiederum Teile eines Hauptsystems bilden. Diese Aufteilung erlaubt schließlich den Aufbau eines integrierten Systems entsprechend der Theorie und die zunächst teilweise Verwirklichung". Bevor jedoch die Aufteilung des Systems in verschiedene Teilsysteme vorgenommen wird, muß eine Gesamtkonzeption vorliegen, die eine spätere Eingliederung der Teilsysteme in das integrierte System ermöglicht. Danach muß die Unternehmensführung entscheiden, ob in Stufen vorgegangen wird und welche Teile vorrangig behandelt werden. Einen Einfluß auf die Gestaltung des integrierten Systems haben besonders die verfügbaren finanziellen Mittel für den Einsatz der technischen Hilfsmittel. Wenn eine elektronische Datenverarbeitungsanlage mit Multiprogrammierung und

Datenübertragung aus finanziellen Gründen nicht in Frage kommt, sind die Möglichkeiten von automatischen Regelkreisen, von Prozeßsteuerung etc. im integrierten System beschränkt. Bei der Gestaltung des Systems muß auf diese Beschränkung Rücksicht genommen werden.

Wenn die Beschränkungen erkannt sind, müssen die individuellen Zielsetzungen für den Aufbau eines integrierten Systems formuliert werden. Die Art und besonders das Gewicht der einzelnen Zielsetzungen kann nicht als Rezept vorgegeben werden. Die folgenden Gedanken bieten aber neben den Leitmaximen der allgemeinen Zielsetzungen [S. 14 ff.] eine gute Grundlage, von der aus die individuelle Formulierung für eine Unternehmung vorgenommen werden kann. Bei der Formulierung muß beachtet werden, daß keine Einzelzielsetzungen herausgestellt werden, die sich nicht in den Gesamtrahmen einfügen. Sie würden sonst eine Integration eher verhindern als fördern.

Beim Einsatz von elektronischen Datenverarbeitungsanlagen bestand die Aufgabenstellung häufig nur darin, spezielle, bisher manuell durchgeführte Arbeiten zu übernehmen, weil das Datenvolumen in der bisherigen Art nicht mehr zu bewältigen war. Diese Problemstellung kann auch der Anstoß für die Untersuchung zum Aufbau eines integrierten Systems gewesen sein. Doch kann die Aufgabenstellung in dieser Form nicht als Ziel für den Aufbau eines integrierten Systems anerkannt werden, da sie zu sehr auf Einzelprobleme ausgerichtet ist und die Interdependenzen im System nicht berücksichtigt. Statt dessen kann als Zielsetzung z. B. die Entlastung des Personals von Routinearbeiten gewählt werden. Inwieweit hierbei Personaleinsparungen auftreten, kann erst nach Berücksichtigung der individuellen Verhältnisse in einem Unternehmen festgestellt werden. Voraussetzung für die Übernahme von Routinearbeiten ist vor allem die Standardisierung von Daten und Arbeitsabläufen [143].

Diese Zielsetzung sollte aber in der Bedeutung nicht an erster Stelle stehen; sie müßte als Begleiterscheinung in jedem integrierten System verwirklicht werden. Eine bedeutende Zielsetzung ist die Entlastung der Führungskräfte. Der Zeitaufwand für die Entscheidungen der Führungskräfte kann durch vollständige und richtig ausgewählte Informationen und eine entsprechende Führungstechnik, die sich darauf aufbauen läßt, wesentlich reduziert werden. Ein weiterer Teil der Entscheidungen kann evtl. in dem integrierten System durch die Verwendung mathematischer Modelle und Entscheidungstabellen automatisiert werden. Außerdem wird durch die Benutzung der Entscheidungsforschung eine Verbesserung der zu treffenden Entscheidungen möglich. Die Entlastung der Führungskräfte in einem integrierten System kann der Unternehmung einen indirekten, aber großen Nutzen bringen, weil die Führungskräfte mehr Zeit zur Planung und für die Entwicklung neuer Ideen haben. Als Vorbedingung für die gewünschte Entlastung der Führungskräfte sind bessere Entscheidungsinformationen notwendig, die vor allem durch eine konsequente Einhaltung des Grundsatzes „management by exception and importance" gewährleistet werden. Die Grundlage für die Einhaltung dieses Grundsatzes wurde in der Informations- und Entscheidungsanalyse gelegt[23].

Eine Zielsetzung, die bei der praktischen Einführung eines Systems beachtet werden muß, ist das Streben nach schnell verfügbaren Entscheidungsinformationen. Der Nutzen schnellerer Information, z. B. mit Daten der Marktanalyse, die eine schnellere Reaktion auf Trendänderungen ermöglichen, oder mit Lager- bzw. Produktionsabweichungen, die eine Korrektur noch zulassen, läßt sich kaum in exakten Werten ausdrücken. Zur Errechnung einer Rentabilität müssen diese Werte jedoch geschätzt werden. Ersparnisse, die sich durch die Beschleunigung im Informationswesen errechnen lassen, sind z. B. die Zinsgewinne aus schnellerer Rechnungsstellung und konsequenter Mahnung.

Die schriftliche Festlegung der individuellen Zielsetzungen für die Gestaltung eines integrierten Systems durch die Unternehmensführung auf Grund der Systemanalyse und der gegebenen Beschränkungen zwingt zu einer klaren und eindeutigen Stellungnahme. Wichtig ist in diesem Zusammenhang noch der Hinweis, daß die Zielsetzungen nicht nur allgemeinen Charakter haben dürfen (wie in dieser auf kein spezielles System abgestellten Arbeit), sondern klar und eindeutig zu den speziellen Problemen des Systems Stellung nehmen müssen. Auf der Basis dieser Zielsetzungen und der Systemanalyse zeichnen sich für den Entwurf des Systems bereits Lösungsrichtungen ab.

2.32 Entwurf des Systems

2.321 Voraussetzungen

Die größten Schwierigkeiten beim Aufbau integrierter Systeme ergeben sich nicht aus Problemen der elektronischen Datenverarbeitung oder der mathematischen Entscheidungsforschung. Diese Probleme für den Einsatz der elektronischen Datenverarbeitung oder die Konstruktion von Modellen der mathematischen Entscheidungsforschung sind für Fachleute, von denen es allerdings nicht viele gibt, meist zu reinen

[23] Ein System, in dem dieser Grundsatz sehr konsequent eingehalten wurde, hat die Falk Corporation, Milwaukee, eingerichtet. Das ist auch ein Beispiel, wie die Zielsetzungen integrierter Systeme ohne allzu großen Computeraufwand verwirklicht werden können [173].

Durchführungsarbeiten geworden. Die Schwierigkeiten treten vor allem durch das Fehlen organisatorischer Grundsätze für den Aufbau integrierter Systeme auf. Die Schaffung einer Organisation, die die Möglichkeiten dieser neuen Hilfsmittel der Unternehmensführung ausnützt, ist die eigentliche Problematik für den Entwurf eines integrierten Systems. In diesem Kapitel soll die praktische Vorgehensweise beim Aufbau integrierter Systeme, wie es auch im Netzwerkschema festgehalten ist, skizziert werden.

Bevor mit den Arbeiten zum Entwurf des Systems begonnen wird, müssen einige Voraussetzungen erfüllt sein, die zunächst überprüft werden sollten. Sie wurden schon im einzelnen behandelt, sollen hier aber noch einmal aufgeführt werden:

(1) Die Arbeiten müssen auf einer genauen Kenntnis des Ist-Zustandes aufbauen. Die Grundlage dazu wurde in der Aufbau- und Ablaufanalyse, sowie in der Informations- und Entscheidungsanalyse gelegt.

(2) Die Aufgaben des Systems müssen genau definiert sein. Die zur Erfüllung dieser Aufgaben notwendigen Daten wurden in der Informations- und Entscheidungsanalyse festgelegt, ebenso wie die bei einzelnen Aufgaben auftretenden Probleme.

(3) Für die Daten, die nach den bisherigen Untersuchungen im System gebraucht werden, werden vorläufig Zentraldateien eingerichtet. Die Daten sind genau definiert und standardisiert.

(4) Das mit dem Entwurf des Systems beauftragte Personal muß über Kenntnisse der Einsatzmöglichkeiten der Entscheidungsforschung und der elektronischen Datenverarbeitung verfügen. Da beim Entwurf meist Teams gebildet werden, müssen spezifische Kenntnisse über die jeweiligen Funktionen eines Untersystems vorhanden sein.

(5) Die Zielsetzungen für das integrierte System müssen genau definiert sein. Auch die Größenordnung der verfügbaren Datenverarbeitungsgeräte muß festgelegt sein.

2.322 *Rahmenkonzeption*

Aufbauend auf diesen Grundlagen wird nun für das integrierte System eine Rahmenkonzeption festgelegt. Diese Festlegung verfolgt den Zweck, die sich bereits abzeichnenden Lösungsrichtungen in einer Gesamtkonzeption zusammenzufassen, welche den Rahmen für die späteren weiteren Vorgehensschritte bildet. Das ist notwendig, um für das gesamte Arbeitsteam während der folgenden Schritte einen einheitlichen Rahmen zu haben und um die Verknüpfungen von Untersystemen genau definieren zu können. In der Rahmenkonzeption werden möglichst viele Daten aus der Systemanalyse berücksichtigt, um ein konkretes Bild des zukünftigen

Systems zu geben. Das Prinzip beim Entwurf der Rahmenkonzeption ist das Streben nach vertikaler Integration [114]. Während bis heute vor allem nebeneinander liegende Arbeiten, wie z. B. Lohnabrechnung und Lagerbuchhaltung oder Produktionsplanung für verschiedene Produkte automatisiert wurden, wobei eine horizontale Integration stattfindet, muß ein integriertes System vertikal automatisieren. Dadurch liegen die Schritte der Informationsverarbeitung zusammen, und es erübrigt sich die Speicherung von Daten in mehreren Dateien; die Zentraldateien genügen allen Anforderungen. Die vertikale Integration erlaubt so eine ständige dynamische Kontrolle des Betriebsablaufes von der Beschaffung, der Lagerhaltung und den verschiedenen Produktionsstufen bis zum Versand des fertigen Produktes. Ein zweiter Grundsatz bei der Erstellung der Rahmenkonzeption sollte die bestmögliche Ausnutzung der Hilfsmittel sein. Sicher wird das nicht dadurch erreicht, daß die Arbeiten in der Weise in das System übernommen werden, wie sie bisher abgewickelt wurden. Es sollte aber nicht vergessen werden, daß für viele Aufgaben konventionelle Lösungsmöglichkeiten (mit Papier und Bleistift) wirtschaftlicher sind, als die Automatisierung des gesamten Systems. Das muß schon bei der Rahmenkonzeption berücksichtigt werden, da in der späteren Detailarbeit die Gefahr besteht, daß diese einfachen Lösungen übersehen werden.

Aus der festgelegten Rahmenkonzeption geht hervor, ob und wie integrierte Systeme in Untersysteme geteilt werden. Bei der Unterteilung in Untersysteme ist besonders darauf zu achten, daß sie möglichst selbständige Subunternehmen darstellen, für die pretiale Lenkungszahlen vorgegeben werden können [157]. Das Unternehmen wird dabei als Gesamtorganismus betrachtet, der über rückgekoppelte Regelkreise ein möglichst stabiles Verhalten zeigt. Hierbei erweist sich die Kenntnis kybernetischer Grundsätze als besonders vorteilhaft [152; 163], denn der Gesamtorganismus „Unternehmen" wird prinzipiell als ein kybernetisches System betrachtet.

Wenn das System in Untersysteme aufgeteilt ist, die in verschiedenen Abschnitten nacheinander aufgebaut werden sollen, muß die zeitliche Reihenfolge bestimmt werden. Wenn die Untersysteme gleichzeitig aufgebaut werden sollen, müssen die Teams bestimmt werden, die für die einzelnen Untersysteme verantwortlich sind. Die weitere Vorgehensweise gilt bei der Gestaltung eines ganzen integrierten Systems wie eines Untersystems. Bei einer Unterteilung kommt lediglich die Koordinierungsfunktion hinzu.

2.323 Detailplanung des Systems

In der Detailplanung wird der Informationsfluß des integrierten Systems genau festgelegt, d. h. standardisiert. Die Arbeiten sind in dieser Phase lediglich auf eine Größenordnung von elektronischen Datenverarbeitungsanlagen abgestimmt. Zweckmäßig werden die Funktionen des integrierten Systems bei der Festlegung des Informationsflusses nach der Periodizität unterschieden. Das Hauptgewicht wird zunächst auf den laufenden Arbeiten, der laufenden Planung, Steuerung und Kontrolle des Unternehmens liegen. Beim Entwurf des Informationsflusses werden sämtliche zur Bestimmung des Ablaufs notwendigen Informationen, sowohl in bezug auf den Erfassungsort als auch in bezug auf die weitere Verarbeitung, festgehalten. Nach dem Entwurf wird der Ablauf mit den Verarbeitungsformeln, Häufigkeiten, Datenvolumen, Bezugsgrößeneinheiten und den benötigten Datenspeichern ergänzt. Der gesamte Informationsfluß des Systems wird auf diese Weise bestimmt. Neben den laufenden Arbeiten werden dann auch die periodischen Arbeiten berücksichtigt, für die das Datenmaterial teilweise schon von den laufenden Arbeiten her in den Speichern des Systems ist; andernfalls müssen die Daten für diese Arbeiten speziell erfaßt und eingegeben werden. Die meisten Berichte werden sich jedoch aus den Zentraldateien heraus erledigen lassen.

Die einzelnen Funktionen der Detailplanung sind in Abbildung 14 dargestellt und werden in ihrer Realisierung im integrierten System noch genauer untersucht.

Die *Datenerfassung* und *Dateneingabe* sind in integrierten Systemen von besonderer Bedeutung. In vielen Fällen wird eine Direkteingabe in die Datenverarbeitungsanlage zu teuer sein, so daß die Daten doch gesammelt eingegeben werden müssen. Allerdings kann nur die Direkteingabe eine ständige direkte Steuerung im Ablauf ermöglichen[24]. Aber bei täglicher Erfassung und Eingabe von Daten ist doch immer noch eine wirksame Steuerung und Kontrolle über Instruktionen und entsprechende „feed-back"-Informationen möglich; dies vor allem, da bei vertikaler Integration die gesamte Ablauflogik in der elektronischen Datenverarbeitungsanlage enthalten ist und so eine Datenverarbeitung über Nacht möglich wird. Dazu ist allerdings eine entsprechende Gestaltung der Datenerfassung notwendig, denn wenn alle Daten nach ihrer Entstehung noch zentral bearbeitet (abgelocht) werden müssen, ist eine sofortige Verarbeitung nicht denkbar. Für die dezentrale Datenerfassung, die daher wesentliche Vorteile hat, kommen heute vor allem Magnetschriftbelege, evtl. auch Lochstreifen in Frage. Auch die optischen Leser, die normale Schreibmaschinenbelege direkt in eine elektronische Datenverarbeitungsanlage einlesen können, haben die Möglichkei-

[24] Ein Beispiel hierfür liegt bei der Lockheed Missiles and Space Company vor, vgl. [117].

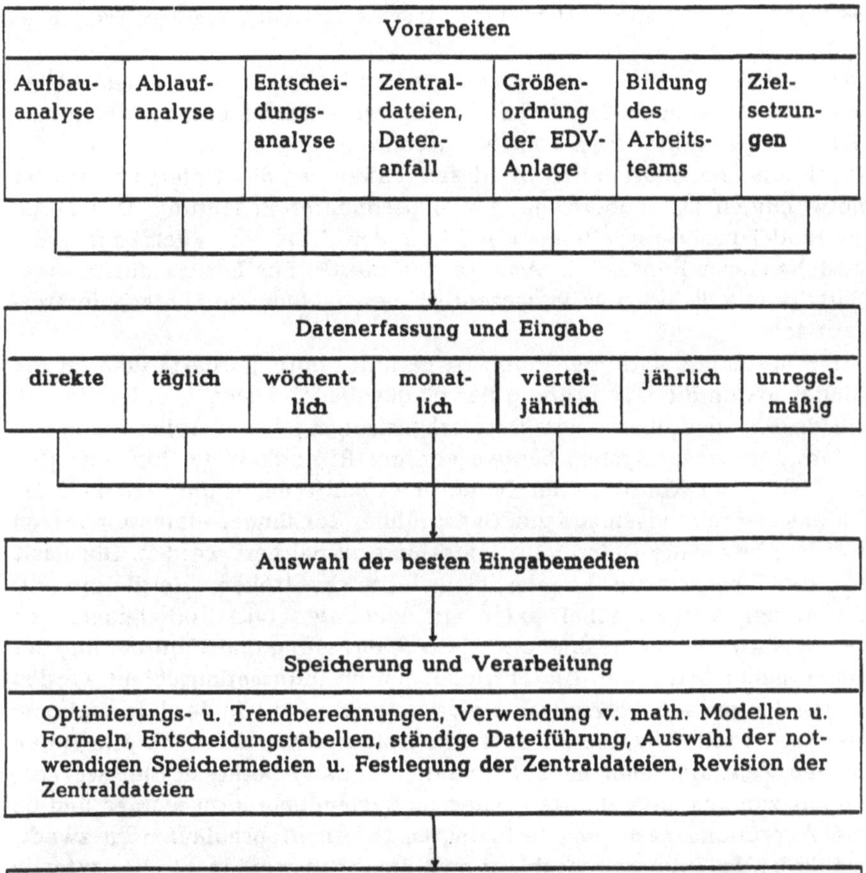

Abb. 14: Die Gestaltung des Systems.

ten der dezentralen Datenerfassung in den letzten Jahren wesentlich erweitert. Aber auch die Direkteingabe wird an Bedeutung zunehmen. Wenn eine echte Real-Time-Verarbeitung angestrebt wird, ist die Direkteingabe unerläßlich. In diesen Fällen ist die Untersuchung der notwendigen Datenübertragung von besonderer Bedeutung. Der Trend zu Real-Time-Verarbeitungen wird in den USA vor allem durch die bestehenden militärischen Systeme gefördert[25]. Für Europa dürfte diese Entwicklung jedoch nur in wesentlich bescheidenerem Umfang interessant sein.

Ein besonders wichtiger Punkt ist nach der Formulargestaltung für die Eingabedaten die Überprüfung der eingegebenen Daten, gleichgültig, ob sie direkt oder über einen Datenträger eingegeben wurden, denn die Informationen im System hängen von der Richtigkeit der Eingabedaten ab. Neben der Kontrolle der Datenträger sollte daher die Fähigkeit der Datenverarbeitungsanlage zur Überprüfung der Eingabedaten eingesetzt werden, bevor die Daten verarbeitet und gespeichert werden. Die Basis für die Überprüfung können Plausibilitätskontrollen, Vergleiche mit Daten der Vergangenheit oder mit Plandaten und Rechenkontrollen sein[26]. Nach der Dateneingabe wird die *Speicherung* und *Verarbeitung* der Daten näher betrachtet. Die Festlegungen im Informationsablauf werden gegen die vorläufigen Zentraldateien verglichen, die in der Informationsanalyse ermittelt wurden. Dabei soll festgestellt werden, ob alle Daten in den Zentraldateien im notwendigen Umfang berücksichtigt wurden, ob alle zunächst aufgeführten Daten im System gebraucht werden und ob die Anordnung nach dem festgelegten Informationsablauf noch zweckmäßig ist. Im Informationsablauf muß überprüft werden, ob die laufende Führung der Zentraldateien gesichert ist. Außerdem muß der notwendige Speicherbedarf festgelegt werden, wobei zu berücksichtigen ist, daß ein Großteil der Daten aus Sicherheitsgründen in mehreren Generationen gespeichert werden muß, damit bei eventuellen Fehlern eine Wiederherstellung von Informationen möglich ist.

Nach dieser Revision der Zentraldateien wird der Informationsablauf auf seine Verarbeitungsregeln näher untersucht. Die Grundlagen dazu wurden in der Informations- und Entscheidungsanalyse gelegt. Wie die Eingabedaten zu den Ausgabeinformationen verarbeitet werden, welche Einflußfaktoren bei Entscheidungen maßgebend sind und welche Optimie-

[25] In den USA wird bereits die kommerzielle Ausnutzung von Nachrichten-Satelliten für integrierte Systeme diskutiert [150]. Größere Anwendungen von Datenübertragung in der Wirtschaft gibt es bei der Westinghouse Electric Corporation, der Lockheed Aircraft Corporation, sowie bei verschiedenen amerikanischen Banken.

[26] Die Überprüfung der Eingabedaten kann als Teilgebiet der innerbetrieblichen Revision aufgefaßt werden, vgl. auch S. 101 sowie [113].

rungsprobleme auftreten, wurde in der Systemanalyse festgehalten. Die einfache Verarbeitung von Daten wird nun durch die Darstellung vcn detaillierten Abläufen gezeigt, in denen sich die Bearbeitung der Daten meist auf einfache Transformationen und Soll-Ist-Vergleiche beschränkt. Die Einflußfaktoren bei Entscheidungen werden in Entscheidungstabellen (Matrixform) dargestellt. Hierbei muß endgültig entschieden werden, welche Entscheidungen im integrierten System programmierbar und automatisierbar sind. Für die „programmierten" Entscheidungen müssen genaue Anweisungen bzw. Entscheidungstabellen vorliegen, die in ein Computerprogramm umgewandelt werden können. Für nichtprogrammierte Entscheidungen werden die Informationen festgelegt, die zu rationalem Handeln erforderlich sind. Es wird geprüft, ob die Informationen im System zur Verfügung stehen und wie sie aufbereitet werden können. Die Optimierungsprobleme bei der Informationsaufbereitung, die sowohl für programmierte wie nichtprogrammierte Entscheidungen auftreten können, bedürfen einer besonderen Untersuchung. Sie können in allen betrieblichen Bereichen vorkommen und es ist möglich, daß das Ergebnis eines Modells (z. B. optimales Produktionsprogramm) wiederum als ein Eingabewert für ein anderes Modell (optimaler Produktionsablauf und Bestellmengen) dient, was bei den Speichermöglichkeiten von größeren elektronischen Datenverarbeitungsanlagen keine größeren Schwierigkeiten mehr macht. Die Auswahl der geeigneten Modelle wird im nächsten Abschnitt noch besprochen.

Die *Ausgabe*funktion des automatisierten Systems ist von besonderer Bedeutung für den Erfolg des integrierten Systems. Hier entscheidet sich letztlich, ob das Management tatsächlich nur die notwendigen, aber alle benötigten Informationen für die Führung des Unternehmens erhält. Die Beachtung des Prinzips „management by exception and importance" zeigt sich bei der Ausgabe. Neben den bereits festgelegten Informationen für die nichtprogrammierten Entscheidungen müssen die Instruktionen der automatisierten Entscheidungen ausgegeben werden. Zusätzlich müssen dem Management periodische Kontrollberichte gegeben werden, und die rechtlich erforderlichen Daten müssen aufgelistet werden. Schließlich aber müssen auch ständige Trendberechnungen über Entwicklungen des Unternehmens und des Marktes gegeben werden. Bei der Ausgabe sollten neben den rechtlich erforderlichen Daten nur solche Daten ausgegeben werden, die als Grundlage einer notwendigen Handlung dienen oder die zur allgemeinen Unterrichtung des Managements notwendig sind.

Neben dem Inhalt der ausgegebenen Daten sind die Datenträger insbesondere dann von Bedeutung, wenn die ausgegebenen Daten später wieder in die Datenverarbeitungsanlage eingegeben werden müssen. In diesen Fällen wird der Datenträger zweckmäßig so gewählt und gestaltet, daß er mit den eventuell notwendigen Ergänzungen wieder zur Eingabe benutzt werden kann (vgl. Abb. 5). Das gilt besonders für alle Daten, die zur Fertigungssteuerung ausgegeben werden (Kontrollscheine, Material- und Lohnzettel). Die ausgegebenen Datenträger brauchen dann nur noch ergänzt zu werden. Das ist ein Teil der „automatischen Datenerfassung", von der bereits die Rede war. Sie gestattet auch eine wesentliche Verbesserung der Wirtschaftlichkeit in vielen bestehenden Systemen, ohne daß ein integriertes System aufgebaut werden müßte [128].

Bei Systemen für die Unternehmensführung kommt der Möglichkeit der freien Datenabfrage besondere Bedeutung zu. Wie schon früher erwähnt, vermag der Manager sein Informationsbedürfnis nie von vornherein vollständig zu umschreiben. Er möchte daher auch unvorhergesehene Informationen spontan beschaffen können. Die technischen Hilfsmittel von der Hardware-Seite bieten hierzu die Datenstationen (Terminals). Auf der Software-Seite braucht man Systeme, die die Kommunikation zwischen Mensch und Computer vereinfachen (vergl. 2.333).

Nachdem die Stufen für das praktische Vorgehen beim Entwurf eines integrierten Systems dargestellt wurden, muß darauf hingewiesen werden, daß sich die einzelnen Abschnitte in der Realität natürlich überschneiden. Teilweise ging das bereits aus den Ausführungen hervor. Alle Arbeiten zum Entwurf des integrierten Systems müssen schriftlich so festgelegt werden, daß die Summe der Aufzeichnungen den Systemablauf klar beschreibt. Es empfiehlt sich neben der Zeichnung von Abläufen, die tabellarische Erfassung von Ein-/Ausgabedaten mit den zugehörigen Verarbeitungsregeln. Auch die Zentraldateien müssen in ihrer endgültigen Form mit genauen Angaben über die Daten (Zahl der Zeichen, numerisch oder alphanumerisch etc.) und die Datenmengen fixiert sein.

Diese Unterlagen dienen der späteren Programmierung. Daneben sollte jedoch eine zusammenfassende Darstellung der wesentlichen Merkmale und Veränderungen in der Organisation abgefaßt werden, die vor allem der psychologischen Vorbereitung der Umstellungsperiode dient. Vor der Programmierung, für die die notwendigen Unterlagen jetzt bereitstehen, sind die Hilfsmittel auszuwählen, mit denen das integrierte System gestaltet wird.

2.33 Auswahl der Hilfsmittel

2.331 *Auswahl der mathematischen Modelle*

Bei der Detailplanung wurden die Probleme, die für die Bearbeitung mit Hilfe der mathematischen Entscheidungsforschung geeignet sind, besonders gekennzeichnet. Die dort aufgezeichneten Abläufe und die erfaßten Daten, die für das Problem relevant sind, bilden die Grundlage für die weitere Bearbeitung.

Der erste Schritt in der Untersuchung ist die Feststellung einer Zielfunktion. Die übrigen für das Problem relevanten Daten müssen in ihrer funktionalen Beziehung zu der Zielfunktion analysiert werden. Diese Arbeiten, die das Problem mathematisch definieren, erfordern eine gewisse Erfahrung im Umgang mit der mathematischen Entscheidungsforschung, mindestens aber mathematisch-analytische Fähigkeiten [16, S. 105 ff.].

Nach dieser Definition des Problems wird zunächst geprüft, ob eine Lösung mit Standardmodellen errechnet werden kann, oder ob das Problem sich besser für eine Simulation eignet, wie es vor allem bei Absatzproblemen häufig der Fall ist. Wenn Standardmodelle benutzt werden können, für die bereits Computerprogramme bestehen, ist die Art der Datenerfassung und der Dateneingabe zu prüfen. Der Informationsablauf ist mit diesen Angaben zu ergänzen. Wenn Standardmodelle nicht benutzt werden können, muß versucht werden, aus dem vorliegenden Ablauf und den festgestellten funktionalen Abhängigkeiten ein eigenes Modell zu entwerfen. Dabei sind die bekannten Modellformen vorzuziehen, für die bereits Erfahrungen vorliegen. Insbesondere sollte geprüft werden, ob eine Simulation nicht ein ausreichendes Ergebnis bietet, wenn analytische Modelle nicht anwendbar sind. Simulationen werden vor allem auch für nichtprogrammierte Entscheidungen in Frage kommen, für die Alternativen erprobt werden sollen. Auch für die Modelle, die selbst entworfen werden, muß der Informationsablauf mit einer genauen Beschreibung der Eingabedaten ergänzt werden. Ebenso müssen für alle Modelle die Ausgabedaten genau definiert werden, da in integrierten Systemen eventuell Ausgabedaten eines Modells als Eingabedaten für ein anderes Modell dienen können. Wenn das Problem nicht in ein formales Modell gefaßt werden kann, muß geprüft werden, ob eine Lösung nicht durch Änderung des Informationsablaufs, durch Vereinfachungen oder durch Beschaffung neuer Daten möglich ist.

Mathematische Modelle kommen für Optimierungsprobleme, zur Problemanalyse und für Trendberechnungen in Frage. Sie können in Beschaffung, Produktion und Vertrieb eingesetzt werden, wie aus den früher genannten Beispielen hervorgeht. Die im integrierten System verwendeten Modelle haben auch einen Einfluß auf die Auswahl der elektronischen Datenverarbeitungsanlagen, denn die zu verwendenden Standardmodelle sollten möglichst als fertige Computerprogramme der Hersteller vorliegen. Allerdings ist dies nur ein Faktor für die Auswahl.

2.332 *Auswahl der elektronischen Datenverarbeitungsanlage*

Die bestgeeignete elektronische Datenverarbeitungsanlage zu bestimmen, ist heute ein schwieriges Problem. Während früher meist die Entscheidung auf *einen* Hersteller fiel, von dem dann die gesamte Hardware und Software geschlossen übernommen wurde, zeichnet sich heute eine Differenzierung in der Beschaffungspolitik ab. Der Käufer hat nicht nur die Wahl zwischen verschiedenen Herstellern von Zentraleinheiten, sondern auch zwischen Peripherie-Einheiten verschiedener Hersteller, die sich an diese Zentraleinheit anschließen lassen. So ist es beispielsweise ohne weiteres möglich, die Zentraleinheit mit Drucker und Kartenleser von einem ersten, die Platten- und Bandeinheiten von einem zweiten und die Terminale von einem dritten Lieferanten zu kaufen. Bei der großen Anzahl der Variablen und der damit möglichen Kombinationen ist es nicht mehr leicht, das optimale Kosten-Leistungsverhältnis zu finden. Hinzu kommt noch ein meist gesondertes und unterschiedlich berechnetes Dienstleistungs- und Software-Angebot, was den Vergleich zwischen Hersteller-Offerten auch nicht erleichtert.

Andererseits scheint es unsinnig, Jahre mit der Auswahl der Datenverarbeitungsanlage zu verbringen, bevor mit den organisatorischen Arbeiten begonnen wird, wie es vielfach geschieht. In möglichst kurzer Zeit sollten die organisatorischen Arbeiten in der bisher angegebenen Reihenfolge durchgeführt werden, bevor Angebote für elektronische Datenverarbeitungsanlagen eingeholt werden. Nur dann ist gewährleistet, daß die Anlage bestellt wird, die die entscheidenden Eigenschaften in ihrer vorteilhaftesten Kombination besitzt[27].

In der Entwurfsphase für das integrierte System hatte sich das Organisationsteam auf die Größenordnung von Datenverarbeitungsanlagen eingerichtet, die wahrscheinlich benutzt wird. Wenn die Entwurfsphase abgeschlossen ist und die Arbeiten mit der angenommenen Größenordnung von Datenverarbeitungsanlagen durchgeführt werden können, muß entschieden werden, mit welcher Anlage tatsächlich gearbeitet werden soll. Um eine solide Grundlage für die Auswahl der Datenverarbeitungsanlage zu erhalten, empfiehlt sich insbesondere bei größeren Datenverarbeitungsanlagen die folgende Vorgehensweise.

Ein bestimmter repräsentativer Teilbereich des integrierten Systems wird im Entwurf den Herstellern von elektronischen Datenverarbeitungsanlagen und Peripherieeinheiten überreicht, die Geräte in der vorgesehenen Größenordnung anbieten. Für den Rest des Systems werden allgemeinere Angaben gemacht. Diese Unterlagen, die für alle Hersteller gleich sind, sind die Aufgabenstellung für die Abgabe eines Angebots. Für den vorgegebenen Teilbereich erstellen die Hersteller (in etwa zwei Monaten) in ihren Angeboten genaue Maschinenanalysen mit entsprechenden Zeitberechnungen; für den Rest des Systems werden Zeitschät-

[27] Vgl. zu diesem Kapitel auch: [32, S. 90 ff., 38, 53, S. 56 ff., 61, S. 54 ff.].

zungen durchgeführt; der Speicherbedarf wird errechnet; für die Datenübertragung werden Lösungen vorgeschlagen und schließlich wird das Angebot mit der Maschinenkombination für die elektronische Datenverarbeitungsanlage gemacht. Neben dem Preis und der Lieferzeit ist vor allem die angebotene Unterstützung bei der Programmierung und bei der Umstellung auf das neue System von Bedeutung. Hierhin gehören auch genaue Angaben über die vorhandenen Programmierhilfen wie Programmiersprachen, Generatoren und die vorhandene Programmbibliothek. In der Programmbibliothek sollten besonders auch Programme der mathematischen Entscheidungsforschung berücksichtigt werden. In einem weiteren Teil sollten die technischen Eigenschaften der Maschinen (Geschwindigkeiten, Kapazitäten, Sicherheiten) behandelt werden. Die Ausbaumöglichkeiten der Anlage sind meist von besonderem Interesse.

Für einen quantitativen Vergleich bewertet man die einzelnen Auswahl-Faktoren noch nach einem Punkte-System und versieht sie entsprechend ihrer Bedeutung mit Gewichten. Die Multiplikation der Gewichte mit den Bewertungspunkten ergibt im Zusammenhang eine gewichtete Punktebewertung. Für die wichtigsten Hardware-Funktionen der geläufigen Systeme finden sich solche Bewertungen bereits durchgeführt. Bekannt ist unter anderem der „Gibson-Mix". In der Spezialliteratur findet man auch andere Computer-Bewertungsverfahren [30].

Eine wesentliche Entscheidung muß nach der Auswahl der Datenverarbeitungsanlage getroffen werden: Miete, Leasing oder Kauf der Anlage. Miete oder Leasing erfordern keinen einmaligen hohen finanziellen Aufwand und geben eine ständige Flexibilität in der Anpassung an die Entwicklung der elektronischen Datenverarbeitung. Dem stehen Wirtschaftlichkeitsüberlegungen gegenüber, denn wenn eine Anlage länger als ca. 5 Jahre in einem Betrieb stehen wird, ist der Kauf in vielen Fällen günstiger[28]. Gerade beim Aufbau integrierter Systeme, die eine Planung auf längere Sicht beinhalten, sollte daher die Kaufalternative ernsthaft geprüft werden. Weitere Kostenfaktoren ergeben sich aus dem Raumbedarf. Programmierungs- und Umstellungskosten brauchen hier nicht berücksichtigt zu werden, da sie für jede Anlage entstehen. Sie müssen bei der allgemeinen Rentabilitätsanalyse für das gesamte System untersucht werden.

Da sich die Zentraleinheit gegenüber den Peripherie-Einheiten als langlebiger erweist, wird diese oft gekauft, während man die der mechani-

[28] Es müssen hier jedoch steuerliche Gesichtspunkte berücksichtigt werden, die nur im Einzelfall geklärt werden können. In Berlin ist z. B. durch das Investitionshilfegesetz der Kauf besonders begünstigt.

schen Abnützung und raschen technischen Obsolenz unterworfenen Peripherie-Einheiten mietet. Bei dieser Mischform schafft sich der Benutzer mit der gekauften Zentraleinheit einen stabilen Kern inbezug auf die verwendete Software und kann trotzdem die Anlage laufend durch leistungsfähigere Peripherie-Einheiten ausbauen.

Mit der Entscheidung für eine Datenverarbeitungsanlage läßt sich die Auswahl der Software und die Programmierung des Systems in Angriff nehmen. Die Ausbildung der Programmierer, ebenfalls ein Faktor bei der Auswahl der Datenverarbeitungsanlage, erfolgt meist durch die Hersteller. Daneben ist auch das Angebot unabhängiger Schulungsinstitute sowie die interne Schulung mittels moderner audiovisueller Hilfsmittel in Betracht zu ziehen.

2.333 *Auswahl der Datenverarbeitungs-Software*

Weit schwieriger als die Anschaffung der Datenverarbeitungs-Anlage erweist sich die Beschaffung der Software. Sie beinhaltet die ganze Intelligenz des zukünftigen integrierten Systems und ist somit für dessen Erfolg entscheidend. Die Software für ein integriertes Datenverarbeitungssystem kann durchwegs durch Eigenprogrammierung bewältigt werden, oder aber wie schon früher angedeutet, durch eine optimale Mischung von vorfabrizierten Software-Elementen und Eigenprogrammierung. An dieser Stelle sind Wirtschaftlichkeits-Überlegungen anzustellen und die Gebiete, wo der Einsatz fremder Software ökonomisch erscheint, abzugrenzen. Es bestehen heute Methoden, um quantitative Wirtschaftlichkeits-Studien über Eigenentwicklung oder Fremdbeschaffung durchzuführen [129].

Wie schon früher erwähnt, bildet das Datenbanksystem das Kernstück eines integrierten Datenverarbeitungssystems für die Unternehmensführung. Da Datenbanksysteme die immer wiederkehrenden Aufgaben zur Verwaltung der Zentralkarteien übernehmen, bilden sie ein weitgehend standardisiertes Stück Software. Solche Datenbanksysteme wurden daher von Hardware- und Software-Herstellern mit großem Aufwand entwickelt und einer Vielzahl von Benutzern angeboten, um so die Entwicklungskosten über mehrere Kopien des gleichen Systems aufteilen zu können. Als Faustregel gilt, daß ein Software-Paket zu etwa $^1/_5$ bis $^1/_{10}$ der Entstehungskosten erhältlich ist

Wenn einmal der Beweis erbracht ist, daß das Software-Paket billiger zu stehen kommt als eine Eigenentwicklung, soll der Preis in der weiteren Auswahlstudie nicht mehr vorherrschend sein. Wichtig ist vielmehr, auf die Flexibilität des Systems zu achten, denn die Praxis zeigt, daß ein integriertes Datenverarbeitungssystem einer ständigen Evolution unterworfen ist. Es ist sicherlich anzustreben, all die in den vorangehenden Kapiteln beschriebenen Tätigkeiten so gründlich und umfassend wie nur möglich durchzuführen, um spätere Ergänzungen und Änderungen so weit wie möglich zu vermeiden. Die Erfahrung zeigt aber, daß der Mensch nur bedingt fähig ist, komplizierte Zusammenhänge voll zu überblicken und momentan festzuhalten. Viel leichter fällt uns ein evolutives, schrittweises Vorgehen. Es muß daher damit gerechnet werden, daß ein integriertes Datenverarbeitungssystem laufenden Verbesserungen und Veränderungen unterworfen ist, in gleichem Maße wie die Benutzer des Systems mehr über seine Fähigkeiten und Möglichkeiten lernen. Die Datenbank-Software sollte daher so gestaltet sein, daß sie diese laufenden Veränderungen ohne allzu große Aufwendungen verkraften kann.

Ändern werden sich insbesondere die Datenfelder und Datenstrukturen. Einige Informationen werden auch bei der sorgfältigsten Analyse vergessen und müssen später noch eingefügt werden, während andererseits bei der späteren Anwendung des Systems sich gewisse Daten als überflüssig erweisen. Es ist daher wesentlich, daß das Datenbanksystem erlaubt, fortwährend Manipulationen am Inhalt der Zentraldateien vornehmen zu können, ohne damit ständige Programmänderungen zu provozieren. Datenbanksysteme, die dieser Forderung nachkommen, trennen die Datenbeschreibungen von den Programmen, wodurch eine Änderung bei den einen nicht unbedingt eine Änderung bei den anderen hervorrufen muß.

Auch auf der Ausgabeseite hat das Datenbanksystem eine große Flexibilität aufzuweisen. Es kann von den Benutzern des integrierten Systems nicht verlangt werden, daß sie schon heute bis ins letzte Detail ihr Informationsbedürfnis beschreiben können. Insbesondere wissen sie nicht, welche Informationsbedürfnisse die Zukunft bringen wird, da sich die Geschäftsumwelt ständig verändert. Sie möchten daher jederzeit unvorhergesehene Anfragen an das System stellen können. Zu diesem Zweck muß das Datenbanksystem eine eigene Abfragesprache beinhalten. Allerdings wird diese nur dann von der Unternehmungsleitung angewendet werden, wenn sie einfach ist, d. h. unserer täglichen Umgangssprache gleicht.

Fast vollständig standardisiert sind die Anforderungen an ein Datenbanksystem inbezug auf Datenmanipulation. Durchwegs werden folgende Grundoperationen verlangt: Speichern oder Entfernen eines Datensatzes, sowie das Auffinden, Ausziehen und Modifizieren von Datenfeldern. Beim Speichern und Löschen von Sätzen hat das Datenbanksystem die nicht leichte Funktion zu übernehmen, auch sämtliche Verknüpfungsadressen in allen betroffenen Dateien richtig zu stellen. Beim Auffinden, Bereitstellen oder Modifizieren von Datenfeldern ist die Zugriffstechnik des Datenbanksystems genau zu analysieren. In der primitivsten Form der sequentiellen Organisation muß grundsätzlich jeder Satz untersucht werden, bis man auf denjenigen stößt, der dem Suchkriterium entspricht.

Beim wahlweisen Zugriff mit Adreßrechnen läßt sich auf das als Schlüsselwort bezeichnete Datenfeld direkt zugreifen. Will man auch auf andere Felder im Satz direkten Zugriff haben, so müssen Indextabellen aufgebaut werden, die diesen direkten Zugriff ermöglichen. Höchsten Komfort bietet ein System, bei dem sämtliche Datenfelder über Indextabellen erreichbar sind. Dies bedingt aber andererseits einen gewaltigen Aufwand an Speicher-Kapazität und Verarbeitungszeit. Ein idealer Kompromiß stellt daher ein System dar, das erlaubt, wahlweise nur gewisse Felder zu indizieren.

Die Frage des Datenzugriffs ist beim Einsatz von On-Line-Terminalen besonders aktuell. Der Benutzer erwartet ja an seiner Datenstation, sei es eine Schreibmaschine oder ein optisches Anzeigegerät, eine unmittelbare Antwort auf seine Anfrage. Man kann also nicht warten, bis die Datenverarbeitungsanlage ein halbes Magnetband durchgespult hat, um den angefragten Satz zu finden.

Zum Datenbanksystem können auch die Eingabe-, Steuer- und Prüfroutinen gehören. Diese überprüfen die Daten bei der Eingabe, um nach Möglichkeit eine saubere, d. h. fehlerfreie Datenbank zu gewährleisten. Das Ultimatum stellt hierbei wiederum ein On-Line-Eingabesystem dar, bei dem die vom Benutzer eingegebenen Daten unmittelbar überprüft und wenn nötig mit Korrekturanweisungen an den Terminalbenutzer zurückgewiesen werden. Auch hier müssen ökonomische Überlegungen den Entscheid herbeiführen.

Die vorangehenden Paragraphen streifen nur einige der wichtigsten Auswahlkriterien für die Datenbank-Software. Abb. 15 zeigt in der Form einer Checkliste weitere Kriterien, die zu beachten sind. Für eine Feinbewertung verwendet der Software-Spezialist Checklisten, die bis zu hundert Kriterien umfassen können (Abb. 15, s. S. 131).

2.334 Auswahl der Hilfsmittel zur Systementwicklung

Die Arbeiten zur Entwicklung eines integrierten Systems für die Unternehmensführung können einen gewaltigen Umfang annehmen. So mögen für die Zentraldateien Tausende von Datenelementen zu erfassen und aufzuschreiben sein, dutzende von Entscheidungs-Tabellen anfallen und seitenweise Ablaufdiagramme zu zeichnen sein. Da diese Informationen zudem im Laufe der Systementwicklung ständigen Änderungen unterworfen sind und somit immer wieder neu dokumentiert werden müssen, drängt sich eine Mechanisierung der Systementwicklung auf.

Es bestehen heute Systeme, die die laufende Dokumentation, wie sie mit fortschreitender Systementwicklung erforderlich ist, weitgehend automatisch durchführen [118]. Diese Systeme erstellen aus den vom Systemanalytiker auf Vordrucken aufgenommenen Daten automatisch eine formale Dokumentation in der Form von Dateibeschreibungen, Ablaufdiagrammen und Entscheidungstabellen, die zugleich als Programmierunterlagen dienen können. Der Wert dieser Systeme liegt einerseits darin, daß sie den Analytiker in systematischer Weise bei seiner Arbeit führen, andererseits ihn bei Änderungen von einer mühsamen Schreib- und Zeichenarbeit befreien. So kann man beispielsweise bei einer Änderung im Ablaufdiagramm oder in den Datenbeschreibungen vom System eine vollkommen revidierte Dokumentation verlangen, die über den Schnelldrucker der Datenverarbeitungsanlage in wenigen Minuten erstellt wird und die bestehenden, überholten Dokumente ersetzt. Gewisse Systeme gehen noch einen Schritt weiter, indem sie aufgrund der Anleitungen des Analytiker gewisse sich oft wiederholende Programm-Routinen gleich automatisch generieren, Entscheidungstabellen gerade in COBOL oder ASSEMBLER übersetzen und somit dem Programmierer nur noch das Schreiben der individuellen Routinen überlassen [107]. Es ist offensichtlich, daß man erst dank solcher Methoden die oft mit Dutzenden von Mann-Jahren veranschlagte Aufgabe zur Entwicklung eines integrierten Datenverarbeitungssystems in den Griff bekommt. Die Entwicklung so umfassender Systeme verlangt den Einsatz rationeller Hilfsmittel, um gewissermaßen von einer handwerklichen Arbeitsweise auf eine industrielle Systementwicklung zu kommen.

Da die Beschreibung eines integrierten Datenverarbeitungssystems sehr umfangreich sein kann, haben einige amerikanische Firmen mit Erfolg das gleiche Datenbanksystem, das später für die integrierte Datenverarbeitung Anwendung findet, für die Analyse der Daten eingesetzt. Man verwendet also das Datenbanksystem um die späteren Aufgaben des gleichen Datenbanksystems zu definieren. Dies vereinfacht die Entwicklungsarbeit, indem man einen Großteil der administrativen Arbeit zur Beschreibung und Nachführung der Dateien und Datenflüsse dem System überlassen kann. Gleichzeitig gewinnt man die ersten praktischen Erfahrungen mit dem Datenbanksystem auf einem reduzierten Niveau. Technisch gesehen sind die in dieser Phase von der Datenbank verwalteten Daten die Systembeschreibungen, welche aus Datenflußbeschreibungen, Dateibeschreibungen, Satzbeschreibungen und Datenfeldbeschreibungen bestehen. Das Datenbanksystem hilft dann die Beschreibungen nach logischen Gesichtspunkten auf ihre Richtigkeit zu überprüfen (Duplizitäten, Synonyme, etc.), sie auf dem laufenden Stand zu halten und in allen gewünschten Verdichtungen und Sortierungen auszulisten, wie etwa als Datenglossarium, Daten-Verwendungsnachweis oder Daten-Ursprungsnachweis. Nur auf diese Weise läßt sich der gewaltige Kontroll- und Schreibaufwand, wie er bei größeren integrierten Systemen anfällt, in vernünftige Bahnen lenken.

Auch für die Programmierarbeiten stehen eine große Anzahl von Hilfsmitteln zur Verfügung und es lohnt sich, diese sorgfältig auszuwählen und wo immer möglich einzusetzen. Um bei häufigen Programmänderungen die Dokumentation immer auf dem laufenden Stand zu halten, haben sich insbesondere Ablaufdiagramm-Generatoren bewährt. Daneben stehen heute leistungsfähige Programmgeneratoren zur Verfügung, die die Programmierarbeit vereinfachen, indem sie große Teile des Programms automatisch erstellen. In der Testphase lohnt sich der Einsatz von Testhilfen, wie etwa Generatoren für Testdaten.

2.34 Programmierung des Systems

Die Aufgabenstellung für die Programmierung des Systems liegt in den Abläufen mit den Datenbeschreibungen und Rechenvorschriften fest[29]. Auf die Qualität der Detailplanung von Abläufen muß daher besonders großer Wert gelegt werden. Die Programmierung eines integrierten Systems verlangt eine intensive Vorbereitung und straffe Koordinierung, da nicht ein Programmbereich neben dem anderen steht, sondern die Programmbereiche miteinander verzahnt sind. Es gibt verschiedene Möglichkeiten für die Organisation der Programmierung, die in einer Übersicht, wie folgt, abläuft:

1. Festlegung der Programmstandards,
2. Kontrolle und Aufteilung der Abläufe in Programmabschnitte,
3. Erstellung des Datenflußplans,
4. Erstellung von Programmablaufplänen,
5. Codierung,
6. Test,
7. Simulation des gesamten Systems,
8. Dokumentation des gesamten Systems.

Die beiden ersten Funktionen sind Leitungsfunktionen. Zur Leitungsfunktion gehört auch die laufende Koordination und Überwachung der Programmierung, sowie die Testkoordination. Vor allem die Überwachung bei der Einhaltung der vorzugebenden Standards ist für den Erfolg der Programmierung von ausschlaggebender Bedeutung. Für die übrigen Funktionen haben sich insbesondere zwei Organisationsformen durchgesetzt. Einmal liegt die gesamte Programmierung von der Erstellung des Datenflußplans bis zur Vorbereitung der Tests in einer Hand, nachdem die Aufgabenstellung abgeschlossen ist. Im anderen Fall erfolgen die Arbeiten bis zur Codierung von speziellen Systemanalytikern, Codierung

[29] Grundlegende Ausführungen zur Programmierung finden sich in [13, S. 276 ff.; 27, S. 38 ff.; 37, S. 132 ff.]. Mit Problemen der Standardisierung in der Programmierung beschäftigt sich ausführlich [10, S. 69 ff., sowie 143]. Zu den Begriffen vgl. DIN 44 300.

und Testvorbereitung werden durch Codierer vorgenommen. An sich spricht viel für die erste Organisationsform, da die Codierung relativ einfach ist, wenn der Programmablaufplan selbst erarbeitet wurde. Andernfalls muß sich der Codierer erst in den Programmablaufplan einarbeiten. Die Zusammenfassung der Funktionen scheint besonders angebracht, wenn die Codierung mit höherwertigen Programmsprachen durchgeführt wird, denn hier entspricht ein Befehl etwa einer Zeile im Programmablaufplan.

Andererseits zwingen Personalprobleme oft, die Funktionen-Analyse von der Codierung zu trennen. Einmal sind die Anforderungen an einen Analytiker bedeutend höher. Diese Leute sind meistens nur sehr schwer zu finden. Man versucht daher, die wenigen, hochbezahlten Analytiker möglichst von Codierarbeiten zu entlasten. Im weiteren kann die unvermeidliche Personalfluktuation zu einer personellen Doppelbelegung aller Aufgaben zwingen. Es wurde vorhin als Nachteil empfunden, daß der Codierer sich zuerst in den vom Analysator erstellten Programmablauf einarbeiten muß. Sollte aber der eine oder der andere sich entschließen, die Firma vor Abschluß des Projektes zu verlassen, wird es sich als vorteilhaft erweisen, daß noch ein Zweiter in das Problem eingeweiht ist. Auch zwingt die Übergabestelle vom Analytiker zum Codierer ersteren zu einer guten Dokumentation, die zudem vom Codierer nochmals auf logische Fehler überprüft wird. Gerade die Dokumentation wird gerne vernachlässigt, was später oft bereut wird. Bei der Personalunion von Analytiker und Codierer finden wir uns daher oft in der etwas gefährlichen Situation, daß alles im Gehirn eines geschätzten Mitarbeiters, aber nirgends auf Papier geschrieben steht. Zusammenfassend darf die erste Organisationsform rasch und kurzfristig gesehen wirtschaftlich sein, die zweite aber als vorsichtigere und auf lange Sicht sich auszahlende Lösung betrachtet werden.

Im folgenden werden die einzelnen Schritte der Programmierung kurz behandelt, wobei auf die Besonderheiten in integrierten Systemen eingegangen wird.

Die Festlegung von *Programmierstandards* ist wie bei der Systemanalyse und Detailplanung auch bei der Programmierung integrierter Systeme von überragender Bedeutung. Nur durch eine umfassende Standardisierung der Arbeitsweise, der zu erstellenden Programmunterlagen und der Symbole können Programme entstehen, die später den ordnungsgemäßen Ablauf des integrierten Systems erlauben. Die Standards sollten besonders für folgende Funktionen aufgestellt werden [10, S. 69 ff. und 110 ff.], nachdem die bei der Aufgabenstellung verwendeten Standards den Programmierern ebenfalls erläutert wurden:

— Projektüberwachung und Fortschrittskontrolle,

— Leistungsstandards für Programmierer,

— Formulare und Symbole für Datenfluß- und Programmablaufpläne,

- Festlegung der Schreibweise von Buchstaben und Zahlen (um z. B. die Verwechslung des Buchstabens O mit der Zahl 0 zu vermeiden),
- Symbole für Informationsarten,
- Spezielle Programmier- und Codierstandards:
  - Programmiercode,
  - Formulare zur Codierung,
  - Festlegung von Kennsätzen für Programme und Karteien,
  - Programmorganisation (z. B. Vorschriften zum Eröffnen und Abschließen von Programmen),
  - häufige Befehlsfolgen,
  - Prüfroutinen,
  - Ein-/Ausgabeformulare,
- Testvorschriften:
  - Testformulare,
  - Festlegung von Testdaten,
  - Standards für Testen (Testprogramm, Test durch Maschinenpersonal etc.),
- Dokumentation der Programme.

Besonders wichtig ist hierbei die Erfassung und Festlegung aller Daten bzw. Informationsarten mit dem Symbol, mit dem sie in allen Programmen gebraucht werden[30]. Diese zentrale Erfassung der Informationsarten wird vor allem Änderungen (z. B. eine Konto-Nr. wird von vier auf fünf Stellen erhöht) wesentlich erleichtern, da alle Programmsegmente, in der die Informationsart vorkommt, auf Grund dieser Standardisierung in einem Arbeitsgang geändert werden können.

Die *Kontrolle* und *Aufteilung* der Abläufe ist der nächste Schritt. Die Abläufe aus der Detailplanung müssen auf ihre Vollständigkeit überprüft werden. Danach werden sie in möglichst geschlossene Programmabschnitte aufgeteilt, wenn dies im System auch nur begrenzt möglich ist. Die Verbindungen der Abschnitte untereinander müssen genau definiert werden. Die aufgeteilten und überprüften Abläufe ergeben die Aufgabenstellungen für die einzelnen Programmierer oder Programmierteams.

Der *Datenflußplan* bringt die organisatorischen Abläufe in einen maschinenbezogenen Ablauf und teilt den Gesamtabschnitt in Einzelprogramme auf. Hierbei sollte darauf geachtet werden, daß keine komplexen, umfangreichen Programme geplant werden, sondern der gesamte Ablauf in kleinere, einfache Abschnitte eingeteilt wird. Besonders sollten bei der Unterteilung im Datenflußplan die Möglichkeiten zum Einsatz der vorhandenen Standardprogramme ausgenutzt werden. Wenn Multi-

[30] Die Amerikaner nennen das Communications Pool (Compool) [172, S. 17].

programmierung vorgesehen ist, müssen in dieser Phase die Programme bestimmt werden, die zur selben Zeit laufen sollen, wobei der ungefähre Speicherbedarf der Programme und die benötigten Randeinheiten zu berücksichtigen sind.

Nachdem die Einzelprogramme im Datenflußplan festgelegt wurden, erfolgt für sie die Erstellung der *Programmablaufpläne*. Das unterscheidet sich bei der Programmierung integrierter Systeme nicht wesentlich von der Programmierung von Einzelprogrammen. In die Pläne müssen die Prüfroutinen für die Dateneingabe und die Rechenvorgänge eingebaut und die Speicherbelegung muß festgelegt werden. Für eine optimale Belegung der externen Speicher ist bei der Programmierung eines integrierten Systems die Koordinierung aller Teile notwendig. Die bereits entworfenen Zentraldateien müssen in dieser Phase auf die ausgewählte elektronische Datenverarbeitungsanlage abgestimmt werden. Besonders bei Random-Access-Speichern ist die Speicherorganisation und die Datenanordnung von entscheidender Bedeutung für die später benötigten Zeiten [S. 50]. Mit Abschluß der Programmablaufpläne muß die Speicherbelegung der zu verarbeitenden Daten, sowie eventuell notwendiger Tabellen feststehen. Die Ein-/Ausgabeformulare, die bereits in der Detailplanung prinzipiell entwickelt wurden, müssen noch genau auf die Datenverarbeitungsanlage abgestimmt werden, da für die verschiedenen Anlagen unterschiedliche Möglichkeiten bestehen (z. B. Anzahl der Druckstellen je Zeile).

Bei Programmen, die gleichzeitig laufen sollen, ist besonderer Wert auf die Kernspeicherausnutzung zu legen. Zwar brauchen die Programme nicht direkt aufeinander abgestimmt werden, — diese Funktion wird beim Ablauf der Programme von einem Betriebssystem übernommen —, doch muß die Multiprogrammierung in der Kernspeicherbelegung berücksichtigt werden. Da die Programme meist zu umfangreich werden, ist eine Segmentierung der Programme erforderlich. Außerdem müssen bei der Multiprogrammierung die Begrenzungen durch die Randeinheiten beachtet werden. Bei Real-Time-Verarbeitungen wird die Programmierung noch schwieriger. Zu den Problemen der Multiprogrammierung kommt noch der Zeitfaktor hinzu. Außerdem müssen hier alle Eingabedaten auf ihre Gültigkeit geprüft werden. Trotzdem muß der Programmablauf sehr schnell sein und nicht zu viel Kernspeicher benötigen, was wiederum nur durch eine sinnvolle, genau abgestimmte Segmentierung der Programme erreicht werden kann. Die Segmentierung muß in den Programmablaufplänen aufgezeigt werden.

Die *Codierung* wird anhand des Programmablaufplans vorgenommen. Die Güte eines Programms ist daher wesentlich von diesen Plänen abhängig. Für die Codierung kommerzieller Aufgabenstellungen scheint die Programmiersprache COBOL aus zwei Gründen ideal zu sein: einmal weil es eine kommerziell orientierte Programmsprache ist, zum andern, weil sie eine ausgezeichnete Dokumentation erlaubt. Die Dokumentation von COBOL-Programmen ist nicht nur für Programmierer lesbar, sondern auch für etwas geschulte Manager. Es muß jedoch darauf geachtet werden, daß bei den meisten Compilern für COBOL das Maschinenprogramm einen wesentlich höheren Speicherraum benötigt, als bei Verwendung eines Autocodes. Wenn daher der Speicherraum sehr knapp ist, wird auf die Anwendung von COBOL verzichtet werden müssen. Multiprogrammierung oder Real-Time-Systeme bedürfen eines Betriebssystems, das die verschiedenen Programme steuert, die notwendigen Funktionen bei Programmunterbrechungen übernimmt, die verschiedenen Programmsegmente nach Bedarf in den Kernspeicher holt und die Überwachung und Führung der benutzten Dateien übernimmt. Auf die Erfordernisse dieses Betriebssystems, das in den meisten Fällen vom Hersteller mitgeliefert wird, muß bei der Codierung Rücksicht genommen werden. Die notwendigen Angaben sind bei der Festlegung der Programmierstandards zu berücksichtigen.

Das *Testen* der codierten Programme erfordert in integrierten Systemen noch größere Aufmerksamkeit als bei normalen Einzelprogrammen. Neben der Richtigkeit des einzelnen Programms müssen die Verbindungen zu den anderen Programmen und dem Monitorprogramm getestet werden. Die Richtigkeit der Programme und die Verbindung zum Betriebssystem kann durch Simulationsprogramme getestet werden, die als Standardprogramme von den Herstellern bereitgestellt werden. Hierzu ist aber in jedem Fall die Erstellung von Testdaten erforderlich. Besonders sorgfältig müssen die Modelle der mathematischen Entscheidungsforschung getestet werden, da für sie nicht nur die Richtigkeit der Programmierung getestet werden muß, sondern insbesondere auch die Richtigkeit und der Sinn des Modells in seiner Anwendung auf das Problem [16, S. 527 ff.]. Hierzu wird das Modell gegebenenfalls mit Daten der Vergangenheit getestet und das Ergebnis mit den tatsächlichen Werten auf seine Wahrscheinlichkeit verglichen.

Der Test der Einzelprogramme genügt jedoch nicht. Erst die *Simulation des gesamten Systems* kann zeigen, ob die Programme benutzt werden können oder ob noch Fehler beseitigt werden müssen. Für die Simulation des gesamten Systems sollten zunächst Daten der Vergangenheit benutzt werden, die eine Ergebniskontrolle ermöglichen. Die Fehler, die in der Interdependenz der verschiedenen Programme begründet liegen, sind am schwierigsten zu analysieren. Diese Testphase, der eigentliche Integrationsprozeß, ist daher unerläßlich, um Schwierigkeiten bei der Einführung des Systems zu vermeiden.

Die Programmierung allgemein und insbesondere die eines integrierten Systems ist ein kostspieliger und zeitraubender Prozeß. Chapin schreibt dazu: „Unter der Annahme, daß die Aufgabe entsprechend untersucht wurde oder noch wird und daß ein einfaches und nicht übermäßig kompliziertes Programm zu schreiben ist, kann man ganz roh abschätzen, daß jede einzelne Instruktion etwa $ 5,— kostet und daß ein Programmierer pro Woche etwa 200 richtige Instruktionen schreiben kann. Wurde aber die Aufgabe mehr oberflächlich analysiert und ist ein kompliziertes Programm entworfen worden, (der typische Fall bei kommerziellen Anwendungen), kann man die Kosten einer Instruktion auf etwa $ 25,— abschätzen, und ein Programmierer kann dann in einer Woche nur ungefähr 40 Instruktionen schreiben (wenn es die Rechenanlage auch nur für weniger als $^1/_{100}$ Sekunde in Anspruch nimmt, diese 40 Operationen auszuführen)" [13, S. 285]. Diese Kostenangaben von Chapin sind für europäische Verhältnisse etwas überhöht. Die Kostenangaben zeigen aber, daß die ständige Überwachung und Koordinierung aller Phasen der Programmierung von großer Bedeutung ist. Die Festlegung von Leistungs- und Programmierstandards kann hierfür sehr wertvoll sein. Mit ihrer Hilfe kann ein zu hoher Aufwand vermieden werden, der die folgende Einführung des Systems belasten würde.

2.35 Einführung des Systems

Auch die beste Organisation ist nutzlos, wenn sie nur auf dem Papier bleibt und nicht durch die ständige Anwendung im Unternehmen zum lebendigen Hilfsmittel der Unternehmensführung wird. Dazu muß das integrierte System im Unternehmen „verkauft" werden. Alle Stufen der betrieblichen Hierarchie müssen von den Änderungen, die das System bringt, überzeugt sein. Die notwendigen Kenntnisse für den Umgang mit dem System müssen von der Unternehmensführung bis zum Arbeiter an der Werkbank vorhanden sein. Die hierfür erforderliche Information und Ausbildung kann in einer freundlichen, gleichgültigen oder ablehnenden Atmosphäre erfolgen. In jedem Fall muß sie durchgeführt werden. Wie aus dem Netzwerk (vgl. Abb. 7) zu ersehen ist, müssen diese Arbeiten für alle Mitarbeitergruppen von Anfang an geplant und durchgeführt werden.

Die *Planung* der Einführung eines integrierten Systems muß nach zeitlichen und sachlichen Gesichtspunkten erfolgen. Dabei müssen Spitzenbelastungen der Organisation, Abrechnungstermine, Ausbildungszeiten und psychologische Schwierigkeiten berücksichtigt werden. Vor allem muß geklärt werden, welche Umstellungsmethode angewandt wird. Im Prinzip können folgende Methoden [vgl. auch 32, S. 143 ff.] unterschieden werden:

Direkt- und Parallelumstellung,

Gesamt- und Partialumstellung.

Bei der Direktumstellung wird am festgesetzten Stichtag auf die neue Organisation umgestellt, während die alte Organisation ausläuft; dagegen läuft bei einer Parallelumstellung die alte Organisation für eine Kontrollperiode weiter. Infolge der Komplexität von integrierten Systemen wird in den meisten Fällen nur die Parallelumstellung in Frage kommen, da die Gefahr von Fehlern sonst zu groß ist. Die Gesamtumstellung ändert auf einmal das gesamte System, während die Partialumstellung Schritt für Schritt vorgeht. Ob Partial- oder Gesamtumstellung hängt von der Systemgröße ab; die Entscheidung hierüber fiel bereits vor dem Entwurf des Systems und braucht hier nicht weiter erläutert zu werden. Für die Umstellungsplanung können die folgenden Teilbereiche unterschieden werden:

1. psychologische Vorbereitung des Personals,
2. sachliche Vorbereitung des Personals,
3. Parallellauf,
4. Einführung des Systems, ständige Überwachung und Kontrolle.

Die beiden ersten Schritte müssen zwar in ihrer Problematik unterschieden werden, doch wird die Vorbereitung nicht getrennt erfolgen können.

Die Aufgabe der *psychologischen Vorbereitung* [z. B. 97] ist es, das integrierte System zu „verkaufen" und die bei organisatorischen Änderungen immer vorhandenen Widerstände zu überwinden. Diese Widerstände sind natürlich; sie haben ihre Ursache im menschlichen Beharrungsstreben und in der Furcht vor dem unbekannten Neuen. Wirtschaftliche Unsicherheit, Geltungstrieb, erhöhte Anforderungen durch größere Komplexität des Systems, Veränderungen in den personellen Zusammensetzungen der Arbeitsgruppen, Veränderungen bei den Vorgesetzten und gewerkschaftliche Argumente können Gründe für den Widerstand gegen organisatorische Änderungen sein. Auch kann sich der Mitarbeiter einfach übergangen fühlen, da „alles ohne ihn" gemacht wurde. Aus der genauen Analyse der Gründe für eine ablehnende Haltung lassen sich meist die Mittel finden, um diese zu überwinden. Doch muß darauf hingewiesen werden, daß bei organisatorischen Änderungen auch eine gewisse Härte notwendig ist. Eine ablehnende Haltung muß notfalls durch klare Anordnungen der übergeordneten Stelle gebrochen werden oder es müssen personelle Veränderungen vorgenommen werden. Aber vorher sollte versucht werden, die Funktionsträger durch Information, Ausbildung und durch Mitarbeit am neuen System zur Mitarbeit im neuen System zu bringen. Hier ist es besonders wichtig, daß die Förderung der Umstellung durch die Unternehmensführung ständig spürbar ist.

Die *sachliche Vorbereitung* der Umstellung geht mit der psychologischen Vorbereitung teilweise Hand in Hand. Auf jeden Fall muß bei der sachlich begründeten Information und Ausbildung die psychologische Seite berücksichtigt werden. In erster Linie muß jedoch die Ausbildung für die Arbeit im integrierten System erfolgen. Die Arbeitsabwicklung in einem integrierten System ist weitgehend standardisiert. Dadurch werden individuelle Anpassungen zumindest erschwert. Mit den Erfordernissen des standardisierten Ablaufs müssen die Mitarbeiter vertraut gemacht werden. Das gilt z. B. für die Eingabe von Informationen in das System, wozu auch Arbeiter in Frage kommen können [172, S. 24]. Auf den höheren Ebenen der Unternehmensführung muß ebenfalls eine umfangreiche Ausbildung erfolgen. Dies gilt vor allem für die Bereiche, in denen Entscheidungsmodelle verwendet werden [16, S. 543 ff.]. In diesen Fällen müssen die Mitarbeiter mit den verwendeten Entscheidungsregeln und Parametern soweit vertraut gemacht werden, daß sie bei Veränderungen der Realität die Änderung der entsprechenden Modellkomponenten veranlassen können. Dazu sind keine tieferen mathematischen Kenntnisse erforderlich. Für die Unternehmensführung soll die Berichterstattung wesentlich flexibler werden. Nur die notwendigen Berichte werden zu einem festen Termin geliefert. Die übrigen Informationen sollen von der Unternehmensführung jederzeit abgefragt werden können. Mit den formalen Erfordernissen für die Abfragen muß die Unternehmensführung vertraut gemacht werden.

Alle Ausbildungsfragen werden von Beginn der Arbeiten an dem integrierten System von einer zentralen Stelle koordiniert. In dieser Stelle werden sowohl die Fragen der sachlichen wie der psychologischen Vorbereitung des Systems bearbeitet. Diese Zentralstelle ist auch mit der Leitung und Koordinierung des Gesamtprojektes betraut. Dadurch hat sie die ständige Verbindung zur Unternehmensführung und eine natürliche Autorität für die durchzuführenden Aufgaben.

Nachdem die Programmierung des Systems und die sonstigen Vorbereitungen zur Einführung abgeschlossen sind, sollte zunächst für eine Kontrollperiode ein *Parallellauf* erfolgen, sofern dies möglich ist. Das ist auch zu empfehlen, wenn vorher eine Simulation des gesamten Systems mit Hilfe von Vergangenheitsdaten durchgeführt wurde. Viele Fehlerquellen liegen in den Anfangsschwierigkeiten der Praxis, dem Lernprozeß, begründet. So schreibt Howard: „Am ersten Tag der Umstellung gab es viele Fehler. Die Direkteingabe über den Fernschreiber war so schlecht, daß jeder Auftrag manuell kontrolliert werden mußte. Um die Situation zu retten, wurden auf eine Auftragskopie Korrekturen gemacht, die zum übermittelnden Verkaufsbüro zurückgeschickt wurde. Nach einigen Wochen bestand dieses Problem nicht mehr, da das Personal mit der neuen Methode vertraut war. Intern wurden im System viele kleine Fehler entdeckt, die sofort ausgeschaltet werden mußten. Die formale Umstellungs- und Korrekturzeit betrug einen Monat, in dem das gesamte Team beschäftigt war. Einen weiteren Monat nahm die Lösung der Probleme in Anspruch, die durch die Verbindung zu anderen Bereichen, wie z. B. zur Produktionssteuerung, verursacht wurden. Innerhalb von zwei Monaten wurde das System also voll einsatzbereit und organisatorisch stabilisiert" [137, S. 31]. Wie aus den Ausführungen von Howard hervorgeht, handelt es sich um eine Partialumstellung, da die Verbindungen des neuen Absatz- und Lagersystems mit der Produktion besonders abgestimmt werden mußte. Aber auch bei einer Gesamtumstellung werden die Verbindungsstellen der Untersysteme, an denen verschiedene Teams gearbeitet haben, besonders zu beachten sein.

Die endgültige *Einführung des Systems* kann nach dem Parallellauf ohne Risiko erfolgen. Aber wie bei jeder dynamischen Organisation muß das neue System auf seine Wirksamkeit überprüft werden. Dazu gehört die Kontrolle, ob die vom System vorgeschriebenen Änderungen eingehalten werden und nicht zu den alten Methoden zurückgekehrt wird, sobald die Aufsicht fehlt. Aber auch die Durchführung von kleinen Änderungen, deren Notwendigkeit sich erst während der Arbeit mit dem System ergibt, gehört dazu.

Nach dieser Einführungsphase sollte eine Überprüfung des Systems auf die Zielsetzungen des integrierten Systems erfolgen. Auch eine Aufstellung von Kosten und Erträgen sollte angefertigt werden, um der Unternehmensführung eine Erfolgskontrolle des Systems zu ermöglichen. Auf die Problematik von Rentabilitätsbetrachtungen bei organisatorischen Änderungen wird später noch eingegangen [S. 95 ff.]. Das Organisationsteam hat damit seine Aufgabe zunächst erfüllt, aber das integrierte System bedarf der ständigen Überwachung. Die Umwelt und die Verhältnisse im Betrieb ändern sich ständig. Zwar wurden die Entwicklungen, soweit sie vorauszusehen waren, bei der Gestaltung des Systems berücksichtigt, aber neben diesen eingeplanten Entwicklungen können Ereignisse eintreten, die große oder kleine Änderungen im System erfordern. Dazu zählen die schon erwähnten Änderungen der Entscheidungsmodelle, es können aber auch Änderungen im Informationsfluß erforderlich sein. Nur durch diese ständige Überprüfung und Anpassung kann die optimale Wirksamkeit des integrierten Systems als Hilfsmittel der Unternehmensführung gewährleistet werden.

3. Bedeutung integrierter Systeme für die Unternehmensführung

3.1 Bedeutung für die Unternehmenspolitik

Integrierte Systeme sind Hilfsmittel für die Unternehmensführung. Um sie in ihrer Wirksamkeit als Hilfsmittel beurteilen zu können, müssen sie in ihrer Bedeutung für die Grundfunktionen der Unternehmensführung analysiert werden. Die Unternehmenspolitik ist die zentrale Aufgabe der Unternehmensführung, während Organisation, Planung, Kontrolle und Information als Mittel zur Durchsetzung der Unternehmenspolitik dienen. Die Bedeutung integrierter Systeme für die Unternehmenspolitik wird daher zunächst behandelt, bevor auf die übrigen Funktionen der Unternehmensführung eingegangen wird.

„Unternehmenspolitik verlangt etwas Doppeltes, das Setzen der Ziele und das Fällen der Entscheidungen, soweit es sich nicht um solche rein technischer Art handelt. Da auch das Zielsetzen Entscheidungen bedeutet, sind beide nicht nur untrennbar miteinander verbunden, sondern es erscheint gerechtfertigt, Unternehmenspolitik einfach als Treffen von Entscheidungen grundsätzlicher Art zu bestimmen" [57, Bd. I, S. 83 f.]. Für die Beurteilung der Bedeutung integrierter Systeme soll auch Mellerowiczs Unterscheidung der Betriebspolitik (Unternehmenspolitik) übernommen werden:

1. Die Gestaltung und Aufrechterhaltung der Wirtschaftlichkeit und der Rentabilität: kaufmännische Betriebspolitik.
2. Die soziale Betriebsgestaltung: „soziale Betriebspolitik" [57, Bd. I, S. 85].

Außerdem muß bei der Bewertung auch die Unterteilung der unternehmenspolitischen Entscheidungen in:

1. grundlegende Entscheidungen und
2. laufende Entscheidungen

berücksichtigt werden. Eine umfassende organisatorische Maßnahme, wie die Einführung eines integrierten Systems, ist eine der grundlegenden betriebspolitischen Entscheidungen, die allein Aufgabe der obersten Leitung sind. Mellerowicz zählt hierzu u. a. Betriebsgründung, Fusion, Erweiterung, Sanierung und Liquidation. Es leuchtet ein, daß die Einführung eines integrierten Systems für diese grundlegenden Entscheidungen kaum direkt Bedeutung erlangen kann, da es nach den Zielsetzungen auf die laufende Führung des Betriebes abgestellt ist.

Das integrierte System wird aber indirekte Bedeutung auch für die grundlegenden Entscheidungen haben, da der Unternehmensführung durch die Entlastung von Routinearbeiten mehr Zeit für die eigentlichen Probleme der Unternehmensspitze bleibt. Außerdem werden durch eine Verbesserung des Informationswesens, der Planung und der Kontrolle auch die Grundlagen unternehmenspolitischer Entscheidungen verbessert. Insbesondere wird die Anwendung von Verfahren der Entscheidungsforschung auf grundlegende Probleme durch die Einführung des integrierten Systems gefördert. Die Mitarbeiter werden mit den Verfahren vertraut und können dadurch ihre Anwendung auch für einmalige Probleme als wertvoll erkennen.

Durch die Dynamik des Systems werden notwendige Änderungen im Unternehmen, die grundlegende Entscheidungen erfordern, gefördert. Dies insbesondere, weil die Informationen schneller bereit gestellt werden können und dadurch Abweichungen von der Planung und den angenommenen Trends schneller erkannt werden können. Insgesamt muß jedoch gesagt werden, daß die grundlegenden Entscheidungen des kaufmännischen und sozialen Bereichs nicht in das integrierte System einbezogen werden können und sollen. Es handelt sich um Einzelfälle, für die programmierte Entscheidungen auf jeden Fall unwirtschaftlich sind, wenn auch eine automatisierte Lösung durch die heuristische Programmierung in Zukunft denkbar wäre und im Augenblick die Simulation eine wertvolle Hilfe bieten kann.

Im Gegensatz zu den grundlegenden Entscheidungen hat das integrierte System eine große direkte Bedeutung für die laufenden kaufmännischen betriebspolitischen Entscheidungen. Auch hier handelt es sich um grundsätzliche Entschlüsse. Nur solche sind ja überhaupt als betriebspolitische Entscheidungen zu betrachten. Die laufende Unternehmenspolitik setzt vor allem die Ziele und stellt die Prinzipien auf, aus denen sich die Entscheidungen zur laufenden Führung des Betriebes ableiten lassen. So schreibt Forrester: „... eine Politik ist eine Regel, aus der die laufenden Entscheidungen zur Führung des Betriebes abgeleitet werden" [24, S. 93]. Die Ziele und Prinzipien sind eine der Grundlagen für den Aufbau des integrierten Systems und daraus ergibt sich wiederum die große Bedeutung für die laufende Betriebspolitik. Die Schaffung eines integrierten Systems mit einer gewissen Automation von Entscheidungen gestattet der Unternehmensführung bei der laufenden Unternehmensführung keine Experimente und eine tägliche Änderung der betriebspolitischen Grundsätze und Dispositionsregeln, wie das heute vielfach der Fall ist. Die entscheidenden Ideen, wie Anwendung des Grenzprinzips, das Wirtschaftlichkeitsprinzip, das Rentabilitätsprinzip und die Strategie der Unternehmung müssen genau festgelegt werden und werden in integrierten

Systemen bei den programmierten Entscheidungen berücksichtigt. Sie sollten langfristig fixiert werden und auf die Führung des Unternehmens vom Ganzen her abgestimmt sein. Durch die Kompatibilität der Grundsätze wird die Koordinierung der Teilentscheidungen wesentlich vereinfacht. Aus diesen Ausführungen ergibt sich bereits, daß die Aufstellung der betriebspolitischen Grundsätze und Zielsetzungen auch im integrierten System ein Privileg des Menschen bleibt. Die aus diesen Grundsätzen abgeleiteten laufenden betriebspolitischen Entscheidungen können jedoch bereits teilweise programmiert werden, z. B. Wahl der Bestellmenge, Wahl der Lagermenge, Entscheidung über das Fertigungsprogramm, Entwurf von einzelnen Produkten, Entscheidung über Zwischenlagerhaltung, Umfang der Fertiglagerhaltung. Andere Entscheidungen werden zweckmäßig weiter dem Menschen überlassen. Für diese sind nach den betriebspolitischen Grundsätzen und Zielsetzungen Informationen zu sammeln und aufzubereiten, daß eine rationale Entscheidung möglich ist.

Durch die Programmierung von betriebspolitischen Entscheidungen wird die Flexibilität der laufenden Betriebspolitik in gewisser Weise beschränkt. Es ist daher darauf zu achten, daß nur die Grundsätze bei der Programmierung berücksichtigt werden, die tatsächlich langfristig festgelegt werden können. Auf der anderen Seite gewinnt das Management jedoch auch an Beweglichkeit, wenn es nicht mehr durch die Vielzahl von laufenden Entscheidungen lahmgelegt wird. Die programmierten Entscheidungen werden automatisch abgewickelt. Die zuständigen Funktionsträger erhalten Kontrolldaten. Für die nichtprogrammierten Entscheidungen wird die benötigte Zeit verkürzt, da die relevanten Daten entsprechend den Erfordernissen der Unternehmensführung aufbereitet werden. Außerdem werden die in der Unternehmenspolitik festgelegten Grundsätze bzw. die sie bestimmenden Umweltdaten laufend kontrolliert. Erkannte Abweichungen führen so umgehend zu den notwendigen Veränderungen der betroffenen unternehmenspolitischen Grundsätze. Diese Betrachtungen betrafen die laufende kaufmännische Betriebspolitik.

Wie bereits im vorigen Kapitel ausgeführt wurde, muß die Unternehmensführung die Zielsetzungen des integrierten Systems festlegen und die benötigten Informationen müssen analysiert werden. Um dieser Aufgabe gerecht zu werden, muß auch die Unternehmensführung über grundlegende Kenntnisse in der Datenverarbeitung und der mathematischen Entscheidungsforschung, sowie der Systemanalyse und der Kybernetik verfügen. Diese Kenntnisse sind von außerordentlicher Bedeutung, wie insbesondere eine Untersuchung von McKinsey [123, S. 12 ff.] zeigt, nach der ein erfolgreicher Einsatz von Datenverarbeitungssystemen weniger ein technisches, als ein Leitungs- und Organisationsproblem ist. Das wird auch die hierarchische Stellung des Leiters der „Informationssysteme" beeinflussen, der in Unternehmen, die aus der Datenverarbeitung Gewinn erzielen, nur noch eine Stufe unter der obersten Leitung eingestuft wird. Sprague [77, S. 157] spricht sogar von „The New Vice President".

Für die betriebliche Sozialpolitik ergeben sich durch die Einführung des integrierten Systems neue Aufgaben [131, S. 590 ff.]. Die Dynamik der Entwicklung und die neuen Anforderungen, die das System an die Mitarbeiter stellt, geben der betrieblichen Sozialpolitik ein großes Gewicht. Bisherige Arbeitsgruppen können aufgelöst werden und bestehende Vorgesetzten-Untergebenen-Verhältnisse werden wegfallen. Diese Veränderungen können die Arbeitsfreude, die Betriebsverbundenheit und das Sicherheitsgefühl bei den Mitarbeitern in Frage stellen. Aufgabe der betrieblichen Sozialpolitik ist es, die drohenden negativen Auswirkungen des integrierten Systems durch entsprechende Maßnahmen zu vermeiden. Für die betriebliche Sozialpolitik werden sich jedenfalls zunächst keine Erleichterungen, sondern schwierige Aufgaben ergeben. Im Interesse des Gesamtunternehmens müssen sie bewältigt werden.

Die Bedeutung integrierter Systeme für die Unternehmenspolitik kann wie folgt zusammengefaßt werden:

1. Die Grundsätze und Zielsetzungen der Unternehmenspolitik müssen vor dem Aufbau eines Systems langfristig festgelegt werden. Die Grundsätze für die verschiedenen Teilbereiche müssen auf das Gesamtunternehmen abgestimmt werden und untereinander kompatibel sein. Die schriftliche Festlegung zwingt zur Klarheit und fördert eine systematische Unternehmenspolitik.

2. Die oberste und mittlere Führungsebene wird durch Verbesserung des Informationswesens und durch die Übernahme von programmierbaren unternehmenspolitischen Entscheidungen entlastet. Dadurch wird die mittlere Führungsebene allgemein wahrscheinlich an Bedeutung verlieren, während einzelne Funktionen aufgewertet werden.

3. Durch die Verwendung der unternehmenspolitischen Grundsätze und Zielsetzungen bei der Programmierung der Entscheidungen und der Informationsaufbereitung wird die Einhaltung der festgelegten unternehmenspolitischen Grundsätze gewährleistet.

4. Für die betriebliche Sozialpolitik ergeben sich neue Aufgaben.

5. Die Festlegung der Unternehmenspolitik bleibt Aufgabe des Menschen, während ihre Durchführung teilweise automatisiert werden kann. Die heute noch häufig notwendige Intuition bei betriebspolitischen Entscheidungen soll möglichst durch Rationalität ersetzt werden, indem die notwendigen Informationen bereitgestellt werden. „Das letzte Ziel der Betriebspolitik als Wissenschaft ist die Aufstellung wissenschaftlich begründeter Regeln für alle innerhalb der betrieblichen Funktionen zu

treffenden Entscheidungen" [55, Bd. I, S. 53]. Diese vollkommene Rationalität wird für die gesamte Unternehmensführung wohl nie die volle Herrschaft antreten können, da das Schöpferische, das ein notwendiges Element unserer Wirtschaft ist, von der Phantasie lebt, die rational nicht faßbar ist. Der größte Vorteil des integrierten Systems ist daher, daß es der Unternehmensführung mehr Zeit für die grundlegenden Entscheidungen und die schöpferische Arbeit läßt.

3.2 Bedeutung für die übrigen Funktionen der Unternehmensführung

3.21 Organisation

Die größte Bedeutung wird die Einführung integrierter Systeme für die Organisation haben, die für die Unternehmungspolitik Mittel zum Zweck ist. Integrierte Systeme sind letztlich das Ergebnis einer neuen Organisationslehre, die ihre Wurzeln in der Systemtheorie und der Kybernetik hat. Außerdem hat sich die neue Organisationslehre aus der traditionellen Organisationstheorie entwickelt, für die die Begriffe Organisationsstruktur, hierarchische Beziehungen, Arbeitsteilung, Beziehungen von Linie und Stab und Kontrollspanne von besonderer Bedeutung waren[31]. Diese Lehre erfuhr eine bedeutende Änderung und Erweiterung, als soziologische und psychologische Gesichtspunkte in der Organisationstheorie berücksichtigt wurden (human relations school). In diesem Stadium wurde der Betrieb als ein System betrachtet, das aus Personen, informellen Gruppen, Gruppenkommunikation und der formalen Organisation besteht [7; 74; 176]. Erst danach wurde durch die Entwicklung der Kybernetik der Systemgedanke auch in die Organisationslehre eingeführt. Dabei wird das Unternehmen als ein System von untereinander abhängigen Teilen betrachtet, das wiederum Teil des größeren Systems, der Gesamtwirtschaft ist. Die Unternehmensführung sollte das Unternehmen nicht als eine Anzahl getrennter Teile sehen, sondern als verknüpfte Untersysteme, wobei die Kenntnis der gegenseitigen Beziehungen und Abhängigkeiten von besonderer Bedeutung ist. Aufgabe der Unternehmensführung ist es, die verschiedenen Untersysteme in ein integriertes System zu organisieren, in dem alle Teile auf das gemeinsame Unternehmensziel zustreben[32].

Die in dieser Arbeit betrachteten integrierten Systeme, in denen durch den Einsatz der Entscheidungsforschung und der elektronischen

[31] Vgl. hierzu z. B. [42; 72], sowie die deutsche Standardliteratur über Organisation bis 1962.

[32] Einen Übergang von der „human-relations-school" zum „systems-approach" gibt [51], sowie [62; 76]; die reine Systemtheorie findet sich in [8; 24].

Datenverarbeitung eine möglichst weitgehende Automation des Informations- und Entscheidungssystems durchgeführt werden soll, können für die traditionelle Organisationsstruktur erhebliche Veränderungen bringen.

„Die traditionelle Organisation läuft in der vertikalen Linie ab, da sie fast ausschließlich auf Vorgesetzten-Untergebenen-Beziehungen beruht. Entscheidungen und Anweisungen werden in der Linie nach unten gegeben, Berichte und Anfragen gehen nach oben. Aber die Technologie, sowohl integrierte Datenverarbeitung wie integrierte Produktionssysteme, beruhen auf einer horizontalen Anordnung, d. h. die Maschine geht quer durch die Vorgesetzten-Untergebenen-Beziehungen und beeinflußt die Arbeiten der Funktionsträger in verschiedenen Arbeitsgebieten, Abteilungen und Arbeitsgruppen. Eine Technologie, die horizontale und diagonale Beziehungen betont, kann und wird bei einer Überlagerung mit einer vertikalen Organisation offensichtlich Schwierigkeiten machen" [141, S. 80]. Diese Schwierigkeiten können durch drei Maßnahmen bekämpft werden: „1. Anpassung der Technologie an die bestehende Organisationsstruktur, 2. Anpassung der Organisationsstruktur an die Technologie, 3. Einbau von Mechanismen zur Minimierung der entstehenden Schwierigkeiten bei unveränderter Technologie und Organisationsstruktur" [141, S. 80]. Bei der Einführung eines integrierten Systems wird die Organisationsstruktur den technologischen Möglichkeiten angepaßt. Nur auf diese Weise kann der technische Fortschritt dem Unternehmen voll nutzbar gemacht werden. Die in der Rahmenkonzeption beschriebene *vertikale Integration* [vgl. S. 55] bezieht sich nicht auf die hierarchische Linienbetrachtung von Vorgesetzten-Untergebenen-Beziehungen, sondern auf den natürlichen Informationsfluß der Unternehmung von Vertrieb — Beschaffung — Produktion — Vertrieb. Der Aufbau und die hierarchische Untergliederung von Untersystemen soll entsprechend dem natürlichen Informationsfluß so erfolgen, daß die erforderliche Kommunikation ein Minimum wird.

Ein Beispiel für diese Entwicklung liegt im Produktionsbereich bereits vor. Durch die Einführung von Transferstraßen wurden die funktionalen Abteilungen, wie Bohrerei, Fräserei, Lackiererei, Montage, Instandhaltung, integriert. Sie konnten nicht mehr nebeneinander arbeiten, sondern mußten miteinander arbeiten. Es wurden neue Arbeitsgruppen (Untersysteme) gebildet, die ihre Aufgaben möglichst selbständig erledigen konnten. Dadurch wurde die notwendige Kommunikation minimiert. Entsprechend gab es auch keine Meister für die einzelnen Funktionen mehr; dagegen hatten die Meister nun für die reibungslose Abwicklung und Koordination der Arbeiten an der Transferstraße zu sorgen. Dabei wurden die Entscheidungsbefugnis und der Ermessensspielraum meist stark eingeschränkt, da vor allem die Mechanik den Arbeitsrhythmus bestimmt.

In ähnlicher Form werden durch die konsequente Umgestaltung der Organisation im kaufmännischen Bereich entsprechend den technologischen Erfordernissen die bisherigen hierarchischen Verhältnisse und die traditionell funktionale Abteilungsbildung in Frage gestellt. Dazu wird besonders die Standardisierung von Abläufen beitragen, die für den Aufbau integrierter Systeme erforderlich ist [143]. Die entstehenden psychologischen und soziologischen Schwierigkeiten bleiben hier unberücksichtigt, wenn auch gerade sie die Einführung eines integrierten Systems stark behindern können.

Ein umstrittener Punkt ist die Bedeutung integrierter Systeme für die *Zentralisation* oder *Dezentralisation* der Unternehmen. Die Dezentralisierung erfolgte bei wachsender Betriebsgröße vor allem aus zwei Gründen: einmal als eine Notwendigkeit, da die Leitungsbefugnis zentral nicht mehr voll wahrgenommen werden konnte, zum anderen als Anreiz zur vollen Entfaltung von Persönlichkeiten. Die zentrale Organisationsform hat den Vorteil der einheitlichen Willensbildung, aber den Nachteil der Schwerfälligkeit, während die dezentrale Organisationsform zwar elastischer ist, aber keine einheitliche Willensbildung gewährleistet. Die Literatur, die sich mit den Entwicklungstendenzen befaßt, ist sich über die Tendenz hier nicht einig. Integrierte Systeme geben die Möglichkeit, durch die Verbesserung des Informationssystems und die Möglichkeiten zur Automation von Entscheidungen die zentrale Organisationsform wieder in den Vordergrund zu stellen, ohne daß dadurch die Flexibilität gefährdet wird. Begründet wird die Entwicklung u. a. durch die Anwendung des Prinzips „management by exception" und die hierdurch erweiterte Kontrollspanne der Leitung. Die freie Entfaltung der Initiative in einem dezentralisierten System ist zwar wertvoll, doch muß die konsequente Sicherung der Unternehmenspolitik an erster Stelle stehen. Die Dezentralisierung wird daher von Leavitt[33] als ein notwendiges Übel betrachtet, von dem jetzt wieder abgegangen werden kann. Die neuen Möglichkeiten der Dezentralisierung werden von ihren Verfechtern mit den besseren Möglichkeiten der zentralen Kontrolle, der dezentralen Benutzung von Entscheidungsforschung und elektronischer Datenverarbeitung und durch das persönliche Entfaltungsmoment, das der menschlichen Würde angemessen sei, begründet [103, S. 124 und 179, S. 10 f.]. Trotz dieser Stimmen wird sich jedoch die Unternehmensführung kaum die Gelegenheit nehmen lassen, zu einer zentralen Willensbildung und Entscheidungsfindung zurückzukehren.

Für die *Betriebshierarchie* wird die Einführung integrierter Systeme

[33] Vgl. [151, S. 41 ff.], sowie [76, S. 43 ff.], [73, S. 28 und S. 138].

ebenfalls große Bedeutung haben. Sie beruht auf der vertikalen Integration, der Programmierung von Entscheidungen, der Standardisierung und Automatisierung von Abläufen und der Tendenz zur Zentralisierung. Betroffen wird vor allem die mittlere Führungsebene, die in ihrer Bedeutung sicher stark zurückgehen wird. In derselben Weise wie in der Fertigung viele Funktionen durch den Taylorismus zur reinen Routinearbeit wurden, wird die Entwicklung auch für die mittlere und untere Führungsebene des kaufmännischen und technischen Bereichs gehen. Hierfür gibt es außer dem Produktionsbereich auch schon Beispiele aus Verwaltung und Beschaffung [186, S. 142; 3, S. 69 ff.]. Die dadurch auftretenden Probleme werden vor allem Desinteresse an der Arbeit und höhere Fluktuation sein; dagegen werden in anderen Fällen Mitglieder des oberen Middle-Management durch den Wegfall von Routineproblemen und eine bessere Planung erst eine volle Befriedigung aus ihrer Arbeit ziehen können. Sie können sich insbesondere voll den Ausnahmen vom Plan und der Planung widmen. Die auftretenden Probleme müssen durch eine entsprechende betriebliche Sozialpolitik überwunden werden [76, S. 47 ff., sowie 73, S. 23 f. und S. 160].

Die Reduktion der mittleren Führungsebene wird jedoch nur einen Teil betreffen; denn wie die Automation der Produktion wird auch die Automation des kaufmännischen Bereiches eine neue zusätzliche Führungselite erfordern und ein Teil der mittleren Führungsebene wird dadurch in die oberste Leitung aufsteigen. Vor allem in den Bereichen Forschung und Entwicklung, Vertrieb sowie Organisation und Informationstechnologie wird die oberste Leitung ausgebaut werden müssen. Die Informationstechnologie wird dabei kaum eine Stabsfunktion bleiben können, sondern wird in eine Linienfunktion umgewandelt werden müssen bzw. muß als funktionale Stabstelle auf Direktionsebene bewertet werden. Ein Großteil der sonstigen, heute bestehenden Stabstellen wird allerdings durch die automatisch verfügbaren Informationen, die jederzeit von der Unternehmensführung abgerufen werden können, entfallen [77, S. 155 ff., 186, S. 148].

Für die oberste Leitung wird sich durch die Einführung integrierter Systeme das Aufgabengebiet nicht wesentlich ändern, während die Arbeitsmethoden sicher stark beeinflußt werden. Die Tendenz wird auch für die Unternehmensführung zu einer stärkeren Quantifizierung des Entscheidungsprozesses führen. Das Informationswesen wird beschleunigt und der Entscheidungsprozeß verbessert werden, da mehr Daten schneller verarbeitet, mehr Alternativen berücksichtigt und die Auswirkung der Entscheidung auf die verschiedenen Bereiche der Unternehmung besser gezeigt werden können. Dadurch wird die Tätigkeit der obersten Leitung erleichtert. Andererseits wird der Druck auf die Leitung zunehmen, da wahrscheinlich der Rhythmus der Unternehmung beschleunigt wird und die Handlungen der Leitung außerdem der ständigen Kontrolle unterliegen, wie es bisher vielfach nur für die mittlere Ebene der Fall war, denn die in das System eingebauten Kontrollen betreffen alle Ebenen der Unternehmenshierarchie.

Um die Möglichkeiten des integrierten Systems ausnutzen zu können, brauchen die Mitglieder der Unternehmensführung keine genauen technischen Kenntnisse zu haben, aber sie sollten doch über ein Verständnis der verwendeten Hilfsmittel und ihren Anwendungsmöglichkeiten verfügen.

Die beschriebenen Auswirkungen integrierter Systeme werden im Interesse einer kontinuierlichen, organischen Entwicklung nur langsam zur Geltung kommen. Die Unternehmung ist ein Organismus, dessen Organisation in einer kurzen Zeit nur in Ausnahmefällen umfangreiche Änderungen zuläßt. Eine Konzeption des Endzustandes ist jedoch erforderlich, um die Zielsetzungen integrierter Systeme anstreben zu können und um die Betriebsorganisation in ihrer Struktur ein geschlossenes Ganzes, einen gestalteten und bei normalem Geschäftsablauf nahezu automatisch funktionierenden Organismus werden zu lassen.

3.22 Planung

Planung kann als geistiger Prozeß von Überlegungen und Entscheidungen im Hinblick auf die Festlegung wirtschaftlicher Ziele und von Maßnahmen zu deren Erreichen umschrieben werden [126, S. 703]. Es ist ein Entscheidungsprozeß, der die Gegebenheiten der Zukunft abschätzt (Prognose), die Ziele und Mittel gegenüberstellt (Programmierung) und eine der alternativen Mittelkombinationen zur Erreichung des Zieles vorgibt (Ausführungsplanung). Durch die Vorgabe von Plandaten kann sich die Durchführungskontrolle auf die Abweichungen konzentrieren. Die Planung ist so Grundvoraussetzung für die Benutzung des Prinzips „management by exception".

Wichtiger ist noch, daß die Planung die Grundlage des integrierten Systems ist. So wie in einem Regelkreis (bzw. einem kybernetischen System) die Regel- und Stellgrößen den Ablauf festlegen, sind die Planwerte in einem integrierten System dafür verantwortlich [148, S. 400]. Die Organisation ist daher der direkte Rahmen für die Planung, denn jeder organisatorische Regelkreis muß über die entsprechenden Plandaten als Regelgrößen verfügen.

Um umgekehrt die Bedeutung der integrierten Systeme für die Planung als Funktion der Unternehmensführung abschätzen zu können, muß zunächst eine Unterteilung der Funktion in kurzfristige und langfristige Planung vorgenommen werden. Für diese beiden Betrachtungsweisen hat die Einführung integrierter Systeme sehr unterschiedliche Auswirkungen, da auch die Aufgabenstellungen für die kurzfristige und langfristige Planung sehr unterschiedlich sind und neben der Fristigkeit weitere Wesensunterschiede bestehen.

Die *kurzfristige Planung* „ist die Grundlage der laufenden Geschäftsführung und ist der für den Betriebsvollzug unmittelbar wirksam werdende Teil der Planung, und zwar einer Gesamtplanung, bei der jeder einzelne Teilbereich und jede Teilfunktion auf das betriebliche Gesamtziel abgestellt ist" [57, Bd. 1, S. 114].

Diese Erläuterung der kurzfristigen Planung stimmt mit der Zielsetzung des integrierten Systems weitgehend überein, das ebenfalls auf die laufende Führung des Betriebes abgestellt ist und alle Funktionen auf das betriebliche Gesamtziel ausrichtet. Aus diesem Grund wird die Einführung des Systems für die kurzfristige Planung die größte Bedeutung haben.

Zum Wesen des integrierten Systems gehört auch die Automation der kurzfristigen Planung. Die Möglichkeiten zur Totalplanung durch elektronische Datenverarbeitung wurden bereits von Hartmann [33, S. 188 ff.] untersucht. Grundsätzlich wurde die Durchführbarkeit bejaht, wenn auch noch gewisse Schwierigkeiten betont werden, die jedoch inzwischen durch die Entwicklung der elektronischen Datenverarbeitung und durch die organisatorische Konzeption der integrierten Systeme als beseitigt gelten können.

Der Umfang der Ausgangsdaten für die Planung ist sehr groß; standardisiert können sie im integrierten System verarbeitet werden. Gegenüber der manuellen Datenverarbeitung können mehr Informationsarten und eine größere Informationsmenge verarbeitet werden, wodurch die Genauigkeit der Planung wesentlich verbessert werden kann. Außerdem kann aber auch durch die Möglichkeit der schnellen Verarbeitung die Elastizität der Planung erhöht werden. Neben einer Erhöhung der Genauigkeit in den Planvorgaben, der Erhöhung der Elastizität in der Planung, einer konsequenten Einhaltung des Prinzips „management by exception" und der Integration der verschiedenen Teilpläne kann die Einführung des integrierten Systems zu einer beträchtlichen Verkürzung der Planperiode führen, sofern dies bei der Art der Fertigung und des Absatzmarktes möglich ist. Darauf gehen die folgenden Diskussionsbeiträge eines Seminars der University of Chicago besonders ein:

Simon: „Das Wesen dieser Informationssysteme ist nicht ihre Genauigkeit. Das Wichtigste ist die Zusammenstellung der Daten in einer Form, nach der die Folgen eines Ereignisses oder einer Entscheidung für die verschiedenen Seiten des Unternehmens abgeschätzt werden können, indem man nur eine Datenzusammenstellung benutzt. Das Ziel bei der

Einführung der neuen Systeme ist es, die Zukunft zu planen, ohne unnötige Risiken einzugehen. Ein wichtiger Teil ist der ständige Rücklauf von Informationen (d. h. Plankorrektur- und -kontrolldaten, d. V.) von der Umgebung zu den entscheidenden Stellen. Das erlaubt eine schnelle Anpassung an neue Bedingungen, gleichgültig ob die Veränderungen außerbetriebliche oder innerbetriebliche Ursachen haben. Die Geschwindigkeit des Informationsrücklaufs ist in einem System ... von wesentlicher Bedeutung. Die Genauigkeit der Information ist zweitrangig."

Vogt: „Simon hat recht. Wir planen bereits die Verkaufszahlen des Vortags für die laufende Produktionsplanung zu benutzen. Das würde bedeuten, daß die jetzt wöchentliche Planungsperiode auf eine tägliche Planungsperiode reduziert wird" [73, S. 158].

Tatsächlich können durch die Anwendung integrierter Systeme die Perioden der Ausführungsplanung zur Steuerung des Betriebes beträchtlich verkürzt werden. Wesentlich hierfür ist vor allem ein gut ausgebautes Kommunikationssystem. Die verkürzte Ausführungsplanung basiert auf Rahmenplänen, die durch den ständigen Rücklauf der Plankorrektur- und -kontrolldaten jeweils abgeändert werden. Es sind also gleitende Pläne, die bei Abweichungen von den vorgegebenen Prämissen oder von den Plandaten auf den neuesten Stand korrigiert werden. Die Korrektur erfolgt automatisch und die Unternehmensführung wird von den Abweichungen und den Interdependenzen innerhalb des Systems unterrichtet. Durch die angestrebte ständige Berücksichtigung der Interdependenzen des Systems kann die Koordinationsfunktion der Planung wahrgenommen und die optimale Kombination aller betrieblichen Faktoren angestrebt werden.

Ein weiterer wesentlicher Punkt für die kurzfristige Planung und die Steuerung des Unternehmens ist die Möglichkeit zur Optimierung innerhalb des Planungsablaufs. Das ist besonders für die Absatz-, Produktions- und Lagerplanung von Bedeutung. Die hierzu verwendeten Modelle können in das integrierte System eingebaut werden und dadurch auch die laufenden Abweichungen berücksichtigen [83, S. 93 ff., sowie 156, S. 3].

Eine besondere Art der kurzfristigen Planung ist die Projektplanung, die vor allem für den Großmaschinenbau, die Bauindustrie, aber auch in allen anderen Industriezweigen von Bedeutung ist. Gerade für die Projektplanung ist die laufende Koordinierung, Steuerung und Kontrolle wichtig. Hierfür ist die Verwendung der Netzwerkmodelle, die in integrierte Systeme eingebaut werden können, besonders geeignet.

Gegenüber der kurzfristigen Planung, die vor allem Aufgabe der mittleren Führungsebene ist, ist die *langfristige Planung* eine Funktion der obersten Leitung. Sie hat besondere Problematik, da ihre Qualität von der Sicherheit der zukünftigen Erwartungen abhängt.

Die langfristige Planung ist mit der grundlegenden Unternehmenspolitik eng verbunden, denn die Ziele der langfristigen Planung werden letztlich durch die Unternehmenspolitik bestimmt. Das integrierte System wird daher auch nicht von direkter Bedeutung für die langfristige Planung sein, kann aber doch indirekte Bedeutung haben.

Da die kurzfristige Planung auf der langfristigen Planung aufbaut, sollte die langfristige Planung den formalen Regeln, die für die kurzfristige Planung festgelegt werden, folgen. Durch die Standardisierung des Planrahmens kann die laufende Kontrolle der langfristigen Planung in das System eingebaut werden, so daß bei Abweichungen von vorgegebenen Planprämissen und Prognosedaten eine Korrektur des Plans veranlaßt werden kann.

Im Gegensatz zu der kurzfristigen Planung, bei der sich die zu betrachtenden Planungsperioden verkürzen, wird für die langfristige Planung eine Verlängerung der Planungszeiträume eintreten. Dies ist eine Notwendigkeit, zu der die steigende Kapitalintensität und die zunehmende Erweiterung und Verflechtung der Märkte zwingt. Von besonderer Bedeutung ist die Planung der Programmstruktur, der Entwicklung neuer und alter Produkte, der Marktanteile, der Erschließung neuer Märkte und der Anlagenausstattung. Das hierzu notwendige Datenmaterial erfordert eine sorgfältige Aufbereitung. Diese Aufbereitung ist jeweils eine einmalige Arbeit und wird wohl nicht in das System eingebaut werden. Die notwendigen Informationen können jedoch ständig im System gesammelt werden. Außerdem sind die zu verwendenden Hilfsmittel, wie statistische Trendberechnungen, Simulationsmodelle und die elektronische Datenverarbeitung, durch die Einführung des integrierten Systems in der Unternehmung bekannt bzw. vorhanden. Ihre Anwendung wird die Qualität der langfristigen Planung wesentlich verbessern. Leavitt [151, S. 47] sagte in diesem Zusammenhang, daß es durchaus denkbar wäre, wenn in Zukunft die Unternehmensführung einen großen Teil ihrer Zeit mit Spielen (Simulationen) verbringen würde, um die Auswirkungen von unterschiedlichen Vorgehensweisen abschätzen zu können. So kann sich, der Notwendigkeit folgend, durch die neuen Hilfsmittel der Planungszeitraum verlängern. Dies wird auch dadurch ermöglicht, daß die Unternehmensführung von den Routinearbeiten entlastet wird und dadurch mehr Zeit für die grundsätzlichen Probleme hat. Die Entlastung von Routinearbeiten und die Möglichkeiten der koordinierten Planung durch Simulationsmodelle wird weitere Zentralisierungseffekte für die Organisation haben.

3.23 Kontrolle

Die Kontrollfunktion[34] der Unternehmensführung bezieht sich nicht auf alle Kontrollen, die bis hinunter zum Prüfen bei der Lochkartenerstellung durchgeführt werden, sondern auf die Kontrolle der von der Unternehmensführung gesetzten Ziele und der vorgegebenen Pläne. Die Kontrolle soll dazu beitragen, die zentrale Willensbildung der Unternehmung zu sichern. Kern der Kontrolle ist die Information, die von der ausführenden Stelle über die kontrollierende zur anweisenden Stelle geht, so daß eine Rückkopplung mit der anweisenden Stelle besteht. Begrifflich existiert die Kontrolle erst durch den geschlossenen Kreis: Planung, Steuerung und Durchführung sowie Rückinformation, d. h. Kontrolle bzw. Vergleich der vorgegebenen Daten mit dem tatsächlich Erreichten (vgl. S. 12]. Der Rahmen für diesen geschlossenen Kreis muß durch die Organisation gegeben werden. In einem integrierten System, das auf dem kybernetischen Prinzip der Regelkreise aufbaut, gehört das zum Wesensmerkmal. Wirksam wird die Kontrolle durch das Vergleichen mit kennzeichnenden Werten. Das können Ist-Werte der Vergangenheit sein, werden jedoch besser und in einem integrierten System fast immer Soll-Werte der vorangehenden Planung sein. Die Qualität der Kontrolle hängt damit weitgehend von der Qualität der beiden bereits besprochenen Funktionen Organisation und Planung ab. Die Auswirkungen integrierter Systeme werden in ähnlicher Weise wie für diese Funktionen auch für die Kontrollfunktion der Unternehmensführung spürbar werden.

Durch die Einführung integrierter Systeme wird die Kontrollfunktion aus verschiedenen Gründen erleichtert werden. Durch die organisatorischen Änderungen mit der Bildung von Teil- und Untersystemen kann die Autorität und die Verantwortung für die verschiedenen Funktionen besser abgegrenzt werden. Es werden *klare Verantwortungskreise* geschaffen, die gleichzeitig als Kontrollbereiche dienen. Dadurch werden Doppelarbeiten in der Kontrolle vermieden. Durch das Feedback-System wird aber nicht nur die Verantwortung für Abweichungen von den festgelegten Sollwerten klar festgelegt, sondern auch die Ursachen der Abweichungen können analysiert werden, da alle Einzelinformationen im System berücksichtigt werden.

[34] Das Wort „control" bedeutet im Englischen wie „contrôle" im Französischen nicht nur überwachen, prüfen, sondern auch steuern, beherrschen. Das geht auch aus Wiener's Ausführungen hervor [81, S. 8 u. S. 108]: „Control ... is nothing but the sending of messages which effectively change the behaviour of the recipient ... Where a man's word goes, and where his power of perception goes, to that point his control and in a sense his physical existence is extended." 57 verschiedene Bedeutungen des Wortes „Control" sind bei Rathe [169, S. 32] angegeben. Für die folgende Ausführung wurde jedoch nur die engere Bedeutung von Kontrolle berücksichtigt.

In den bisherigen Organisationen war die Kontrolle in den meisten Fällen nicht automatisiert. Um eine wirksame Kontrolle zu gewährleisten, war eine ständige Überwachung der Funktionsträger durch die nächste Ebene des Management erforderlich. In integrierten Systemen wird ein wesentlicher Teil der Kontrollfunktion, besonders für die programmierten Abläufe, durch einen kybernetischen Regelkreis erfolgen, in dem bei Abweichungen von den Sollwerten entweder automatisch Korrekturinformationen gegeben oder größere Abweichungen dem zuständigen Funktionsträger übermittelt werden. Dieses *kybernetische Kontrollprinzip* wird die Unternehmensführung von den meisten Routinekontrollen entlasten.

Die Wirksamkeit der Kontrolle hängt wesentlich von der Schnelligkeit des Informationsrücklaufs und des Soll-Ist-Vergleichs ab. Nur durch eine Beschleunigung dieser Funktionen ist die bereits besprochene Verkürzung der Planungsperioden möglich. Da beim Aufbau integrierter Systeme besonderer Wert auf die sofortige (dezentrale) Datenerfassung gelegt wurde und die Sollwerte in den Direktzugriffsspeichern stehen, sollte eine wesentliche *Beschleunigung* des Feedback-Zyklus möglich sein. Bei den heute üblichen Kontrollperioden von einem Monat, wobei die notwendigen Informationen noch um Wochen verzögert gegeben werden, sind korrigierende Maßnahmen meist nur schwer möglich und oft nicht mehr sinnvoll. In integrierten Systemen sollte als Kontrollperiode der Arbeitstag angestrebt werden, was eine wirksame Steuerung des Betriebes erlauben würde. Die Einführung einer so kurzen Kontrollperiode wird wesentlich von einer konsequenten Durchführung des Prinzips *„management by exception"* abhängen, da die Unternehmensführung sonst in riesigen Datenmengen ersticken würde. Durch die automatische Kontrolle auf der Grundlage des kybernetischen Kontrollprinzips ist das Prinzip der Ausnahme bereits weitgehend gesichert. Eine vollkommene Durchführung des Prinzips erlaubt aber vor allem die Schaffung klarer Verantwortungsbereiche, durch die die oberste Leitung ihre Kontrollfunktion auf größere Abweichungen beschränken kann. Diese ein gesetztes Limit übersteigenden Abweichungen werden im System der Unternehmensführung automatisch mitgeteilt.

Damit ist die Bedeutung integrierter Systeme für die Kontrollfunktion der Unternehmensführung umrissen. Auch hier wird vor allem die mittlere Führungsebene entlastet werden, für die ein Großteil der Kontrollfunktion programmiert werden kann. Die oberste Leitung wird durch die Verbesserung der laufenden Kontrolle ebenfalls entlastet; für ihren Bereich sind jedoch die meisten Abläufe nicht programmiert, so daß durch das System eine Verbesserung, aber keine Automation erreicht werden kann.

Ein zweiter Bereich der Kontrollfunktion der Unternehmensführung ist die *Revision*. Während die Kontrolle planmäßige Überwachung der laufenden Vorgänge ist, ist die Revision rückschauende Prüfung. Für sie hat die Einführung integrierter Systeme große Bedeutung, da grundsätzlich neue Anforderungen an sie gestellt werden[35]. Diese neuen Anforderungen sollen kurz in einer Übersicht dargestellt werden[36].

Das Wesen der Prüfung ist nach heutiger Definition die geistige Wiederholung bereits durchgeführter Arbeiten [12, S. 68]. Die Prüfung konzentriert sich gegenwärtig auf das Rechnungswesen. Sie verlangt eine lückenlose Einzelpostenschreibung für alle Vorgänge im Rechnungswesen, da bis jetzt nur auf diese Weise die Ordnungsmäßigkeit der Buchführung gewährleistet werden kann. Es läßt sich leicht erkennen, daß die Forderung der Einzelpostenschreibung in einem integrierten System auf Schwierigkeiten stößt. Das Ausdrucken aller eingegebenen Bewegungsdaten des Rechnungswesens ist relativ teuer, da die Geschwindigkeiten der Schnelldrucker nur einen Bruchteil der von Magnetspeichern betragen und daher das Ausdrucken einen relativ hohen Zeitaufwand und/oder Geräteaufwand erfordert.

Da die Daten aber außerdem unsortiert eingegeben werden können, müßte für jede Datenart ein Druckgerät verfügbar sein, bzw. es könnten nur periodisch historische Daten ausgegeben werden. Schwerwiegender als der hohe Geräteaufwand ist aber die Notwendigkeit der manuellen Verwaltung der ausgegebenen Listen. Das würde ganze Büros erfordern, die bei papierloser Verwaltung entbehrlich wären. Durch die Vielfalt der Datenaufbereitung und den zunehmenden Geschäftsumfang würde die Revision bald in einer kaum zu bewältigenden Papierflut ersticken.

Diese Punkte zeigen, daß die Vorteile integrierter Systeme durch die Forderung nach Einzelpostenschreibung in Frage gestellt werden. An ihrer Stelle müssen für integrierte Systeme andere Revisionsmöglichkeiten gefunden werden, die von Siebert [177, S. 14 ff.] ausführlich dargestellt werden. Dabei ist neben den Hauptkomponenten Maschine, Eingabe, Speicherung, Bedienung und Programm, deren Sicherheit gewährleistet sein muß, die korrekte Abstimmung innerhalb des Systems zu beachten. Den Schlüssel zur Sicherheit hat die Informationstheorie mit dem Begriff der Redundanz[37] geschaffen. Es ist Aufgabe des Revisors, dafür zu sorgen,

[35] Das gilt für externe Revision zu Steuerzwecken. Für die interne Revision können einmal die folgenden Ausführungen über die externe Revision im Prinzip übernommen werden, zum anderen wird jedoch durch die Zwangsläufigkeit der Kontrolle in integrierten Systemen die Bedeutung der internen Revision gemindert.

[36] Ausführliche Darstellungen geben [80; 38; 177].

[37] Vgl. zum Begriff [15, S. 157 f.].

daß die Sicherheit des integrierten Systems gewährleistet ist. Dies kann nicht dem Organisator überlassen bleiben, der vor allem eine Optimierung des Systems anstrebt. Für den Revisor ist dies eine harte Forderung; sie muß jedoch gestellt werden, wenn die Revision ihren Sinn behalten soll.

Für die Revision ergeben sich aus den Anforderungen integrierter Systeme einige allgemeine Auswirkungen:

1. Der Revisor muß über Kenntnisse der elektronischen Datenverarbeitung verfügen, da diese nicht nur ein wichtiges Instrument des integrierten Systems, sondern auch der Revision ist. Die Revision sollte nach Möglichkeit in die Datenverarbeitung zwangsläufig eingebaut sein.

2. Daraus ergibt sich, daß aus der Revision als einer rückschauenden Prüfung eine ex ante-Prüfung wird, d. h. der Revisor baut Prüfroutinen in die Programme ein. Dies ist eine zwingende Notwendigkeit, da Arbeitswiederholungen in einem integrierten System nahezu ausgeschlossen sind. Das System dient der laufenden Führung der Unternehmung und jede Wiederholung von Arbeitsgängen würde den Fertigungsprozeß gefährden. Da das System durch den hohen Automationsgrad eine gewisse Zwangsläufigkeit zeigt, bleibt nach der ex ante-Prüfung wenig für die ex post-Prüfung übrig. Die manuell zu prüfenden Gebiete, die nicht der maschinellen Zwangsläufigkeit unterliegen, müssen klar festgelegt werden.

3. Während sich die Prüfung heute auf das Rechnungswesen konzentriert, wird der Revisor in einem integrierten System auch die übrigen Teile der Unternehmung kontrollieren müssen. Das ist erforderlich, da die Programme und Dateien des Systems, z. B. Auftragsbearbeitung, Konstruktion, Fertigungsplanung und -kontrolle und die Abrechnung integriert behandeln. Der Prüfungsgegenstand erweitert sich also. Das bringt die externe Revision in eine engere Verbindung mit der internen Revision und könnte tendenziell zu einer noch engeren Verknüpfung von verschiedenen Dienstleistungsfunktionen, wie Prüfung, Begutachtung, Beratung und Betreuung [12, S. 15 ff.] führen.

Integrierte Systeme, die für die laufende Kontrolle eine Erleichterung brachten, stellen die Revision vor neue Aufgaben. Wenn integrierte Systeme in einer wirtschaftlichen Form eingeführt werden sollen, müssen aber nicht nur die Unternehmensführungen und die Revisoren umdenken, sondern auch der Gesetzgeber muß Revisionsbestimmungen schaffen, die den Erfordernissen der technologischen Entwicklung angepaßt sind.

3.3 Möglichkeiten und Grenzen der Anwendung integrierter Systeme

3.31 Begrenzungen in der Gestaltung

Das Erreichen der Zielsetzungen integrierter Systeme kann durch verschiedene Gründe in Frage gestellt werden:

1. Gründe, die im Entwicklungsstand der elektronischen Datenverarbeitung begründet sind,
2. Gründe, die im Entwicklungsstand der Entscheidungsforschung begründet sind,
3. personelle Gründe,
4. gesetzliche Bestimmungen.

Ausgeklammert werden zunächst die Begrenzungen im Aufbau integrierter Systeme, die durch das Wirtschaftlichkeitskriterium begründet sind. Die genannten Beschränkungen, die teilweise bereits im Laufe der Arbeit angesprochen wurden, sollen noch einmal zusammengefaßt behandelt werden. Sie bestimmen wesentlich die praktischen Möglichkeiten integrierter Systeme. Auf die organisatorischen Voraussetzungen zur Einführung integrierter Systeme, insbesondere die notwendige Standardisierung von Informationen und Abläufen, wird nicht noch einmal eingegangen [33, S. 201, sowie 143].

Zu 1): Eine Gegenüberstellung der aus den Zielsetzungen integrierter Systeme resultierenden Anforderungen an die elektronische Datenverarbeitung mit den Möglichkeiten der heute verfügbaren Geräte zeigt, daß fast alle Anforderungen erfüllt werden. Verbesserungen und Entwicklungen betreffen lediglich die folgenden Gebiete.

Ein umfassendes integriertes Informationssystem erfordert enorme Speicherkapazitäten. Da man bei dieser Fülle von Information nur selektiv auswählen will, mussen die Speichereinheiten einen wahlfreien Zugriff auf die Daten erlauben. Weiter bedingt eine intelligente Antwort nach dem Prinzip des „Reporting by Exception" ein weit verzweigtes Suchen und logisches Vergleichen der Daten. Die Zugriffe müssen daher zudem rasch sein, um innerhalb der vertretbaren Computerzeiten zu bleiben. Verschärft wird dieses Problem noch durch den Einsatz von Datenstationen. Der Benutzer solcher Geräte wünscht eine unmittelbare Antwort auf seine Anfrage. Ist er über Telefonleitung verbunden, zwingen ihn schon die Gesprächsgebühren zu einem rasch reagierenden System. Komplexe, verkettete Suchvorgänge über mehrere Dateien und hierarchische Stufen oder gar assoziative Informationsgewinnung stellen ebenfalls hohe Anforderungen an die Großspeicher mit Direktzugriff. Diese müssen daher ständig größer, schneller und billiger werden.

Die Datenfernübertragung ist in vielen Ländern noch ein Sorgenkind, obwohl die Telefonverwaltungen große Anstrengungen zur Einrichtung von Datenübermittlungs-Kanälen unternehmen. Das Problem geht Hand in Hand mit der allgemeinen Überlastung des öffentlichen Telefonnetzes. In den USA, wo das Telefon in privaten Händen ist, scheint das Problem zufriedenstellend gelöst zu sein.

Um die Flexibilität integrierter Systeme zu gewährleisten, muß die *Programmierung* von Datenverarbeitungsanlagen weiter vereinfacht werden. Insbesondere müssen leistungsfähige, flexible Software-Systeme geschaffen werden, wie sie unter 2.333 beschrieben wurden. Die Komplexität und evolutive Natur integrierter Systeme verlangt eine Trennung der Datenbeschreibungen von den Programmen, damit Änderungen bei den einen nicht unbedingt auch Änderungen bei den anderen hervorrufen. Dann ist dem Problem der Datenbank und Datenmanipulation in den Programmiersprachen [159] vermehrte Beachtung zu schenken. Noch relativ wenig leistungsfähig sind diese auch auf dem Gebiet der Datenabfrage und des Terminal-Einsatzes.

Zu 2): Wie bei der elektronischen Datenverarbeitung müssen auch bei der Entscheidungsforschung die Grenzen gesehen werden, die durch ihren Entwicklungsstand begründet sind. Außerdem muß aber hier in noch stärkerem Maße als bei der elektronischen Datenverarbeitung darauf hingewiesen werden, daß die Entscheidungsforschung ein Hilfsmittel der Unternehmensführung, aber kein Allheilmittel ist. Dies gilt auch bei ihrer Anwendung in integrierten Systemen. Eine Zusammenstellung der bestehenden Beschränkungen der mathematischen Entscheidungsforschung geben Mellerowicz [57, S. 471 ff.], Hartmann [130, S. 71 ff.], Kosiol [147, S. 332 ff.] und Zimmermann [83, S. 52 ff.], die zunächst die Argumente behandeln, die sich aus der ungenügenden Entsprechung mathematischer Modelle ergeben.

Hierbei weist Zimmermann zunächst richtig darauf hin, daß unterschieden werden muß zwischen den *Ungenauigkeiten*, die aus dem *Modell* und denen, die aus mangelhaftem *Datenmaterial* („Prämissen") resultieren. Auch bei verbaler bzw. traditioneller Behandlung der Probleme würde das mangelhafte Datenmaterial benutzt, aber „es zeigen sich ... bei Verwendung mathematischer Modelle viel klarer die Schwächen, als dies bei verbal-logischen Modellen der Fall ist" [83, S. 54].

Die Schwierigkeiten der *Quantifizierbarkeit* aller als relevant anzusehenden Größen (Ziele und Daten) wurden bereits mehrfach erwähnt. Es wurde dabei darauf hingewiesen, daß für die Behandlung von Problemen mit der mathematischen Entscheidungsforschung eine Quantifizierung möglichst aller Einflußgrößen vorgenommen werden sollte. Das kann, falls quantitative Angaben fehlen, durch Schätzungen der zuständigen Funktionsträger oder durch Angabe von statistischen Wahrscheinlichkeiten geschehen. Für Probleme, in denen Schätzwerte oder statistische Angaben überwiegen, ist eine Behandlung mit mathematischen Modellen kaum sinnvoll. Wenn jedoch mit solchen Größen gearbeitet wird, bzw. Einflußgrößen aus diesen Gründen unberücksichtigt bleiben, muß dies jeweils mit dem Ergebnis eines Modells zusammen betrachtet werden, um eine Überschätzung der so gewonnenen Ergebnisse zu vermeiden.

In diesem Zusammenhang muß auch beachtet werden, daß sich durch jede Anwendung eines Modells Vereinfachungen und Abstraktionen ergeben. Die wirtschaftlichen Größen und Zusammenhänge dürfen jedoch nicht so weit vereinfacht werden, daß das Modell die Wirklichkeit nicht mehr widerspiegelt. Die wirtschaftliche Relevanz des Modells muß stets gewährleistet sein. In Fällen, wo eine zu starke Abstraktion erforderlich ist, ist die mathematische Entscheidungsforschung als Mittel der praktischen Unternehmensführung nicht mehr geeignet. Ähnliche Überlegungen gestatten heute die Anwendung der heuristischen Programmierung nur in Ausnahmefällen.

Die Modelle der mathematischen Entscheidungsforschung lassen nur eine *begrenzte Komplexität* zu. Dies gilt für die Berücksichtigung funktionaler Verflechtungen in zeitlich einstufigen Modellen, insbesondere aber für die Abhängigkeiten und reaktiven Entscheidungen in mehrstufigen Modellen. Zwar werden die bestehenden Modelle laufend verbessert, doch können vor allem bei Marktmodellen, die in verschiedenen Zeitstufen wirksamen Reaktionen von Marktgegnern auch in spieltheoretischen Modellen bis heute noch nicht vollständig berücksichtigt werden. Außerdem behandeln die meisten Modelle bis heute nur abgegrenzte Teilprobleme. In integrierten Systemen wird es zunächst notwendig sein, *Modellverknüpfungen* dort zu ermöglichen, wo sonst schädliche Suboptimierungen auftreten können. Durch die verfügbare Speicherkapazität und den Aufbau der Daten in integrierten Zentraldateien wird diese Modellverknüpfung grundsätzlich möglich, doch wird dies eines der entscheidenden organisatorischen Probleme beim Aufbau eines integrierten Systems sein.

Eine Schwierigkeit, mit der besonders die wirtschaftlich nicht ausreichend orientierten Operations-Research-Fachleute zu kämpfen haben, besteht in der Fixierung der *richtigen Zielsetzungen.* Hierbei geht es

a) um die Bestimmung der wirtschaftlichen Zielsetzung,
b) um die formale und quantifizierte Festlegung der Zielsetzung,
c) um die Wahl der Strategie (z. B. Mindestverlust oder Höchstgewinn).

In erster Linie muß bei der Bestimmung der Zielsetzungen die wirtschaftliche Relevanz der formal quantifizierten Festlegung kontrolliert werden.

Hieraus ergibt sich die Notwendigkeit des Verständnisses der *mathematischen Darstellung* für die Wirtschaftler. Meist wird eine weitgehende mathematische Kenntnis verlangt, so z. B. bei Morgenstern: „Der nichtmathematische Wirtschaftswissenschaftler kann mit diesem Werkzeug nichts anfangen" [59, S. 40]. Dagegen schränkt Zimmermann [83, S. 58] die notwendigen Kenntnisse auf das Verständnis von mathematischen Zeichen und Symbolen ein, die jedoch ohne Verständnis des Sinnzusammenhangs gar nichts nutzen. Durch die Benutzung von Formalmodellen ist in vielen Fällen der Einsatz von mathematischen Modellen selbst ohne Kenntnis von mathematischen Grundbegriffen möglich. Es steht aber außer Zweifel, daß eine solche Kenntnis eigentlich vorausgesetzt werden sollte, um den Umgang mit Modellen nicht zu anonym werden zu lassen. Die wichtigste Aufgabe des Wirtschaftlers ist die ständige Überwachung der in das Modell eingesetzten Daten auf ihre Gültigkeit. Um die Bedeutung der Änderung von einzelnen Daten abschätzen zu können, ist eine Kenntnis der Modellzusammenhänge erforderlich, die durch ein grundlegendes Verständnis der Mathematik wesentlich erleichtert wird. Zur Gestaltung des integrierten Systems sind dagegen auch Fachkräfte mit detaillierten mathematischen Kenntnissen erforderlich [130, S. 73].

Aus all diesen Gründen wird sich der praktische Einsatz der mathematischen Entscheidungsforschung in den nächsten Jahren auf die Modelle mit vorliegenden Standardlösungen und Formalmodellen, d. h. die Netzwerktechnik und die lineare Programmierung und evtl. die Simulation von Warteschlangen beschränken.

Zu 3): Die personellen Probleme werden die Einführung integrierter Systeme wahrscheinlich am meisten behindern. Das wirtschaftlich orientierte Personal, das gleichzeitig die elektronische Datenverarbeitung, die mathematische Entscheidungsforschung, sowie die Organisation beherrscht, wird zumindest in Europa erst in den nächsten Jahren verfügbar sein. Aber auch dann wird noch ein empfindlicher Mangel herrschen. Da für organisatorische Umstellungen, wie den Aufbau eines integrierten Systems, ein hoher personeller Aufwand erforderlich ist und die genannten Qualifikationen zumindest bei einem Teil des eingesetzten Personals verlangt werden müssen, wird eine Einführung integrierter Systeme im Augenblick höchstens für Unternehmen der Spitzengruppe möglich sein.

Zu 4): Die gesetzlichen Bestimmungen erschweren im Augenblick die Einführung integrierter Systeme. In den Zielsetzungen ist die Beschränkung von Ausgabeinformationen auf die vom unternehmerischen Standpunkt aus erforderlichen Daten enthalten. Dagegen verlangt, wie bereits erwähnt, die Revision eine Einzelpostenschreibung aller Daten des Rechnungswesens. Dies erschwert die Einführung integrierter Systeme vom organisatorischen Standpunkt und kann unter Umständen auch die Wirtschaftlichkeit gefährden, auf die im folgenden Kapitel näher eingegangen werden soll.

3.32 Begrenzungen durch das Wirtschaftlichkeitskriterium

Bei der Betrachtung der Wirtschaftlichkeit von integrierten Systemen besteht die Schwierigkeit komplexe organisatorische Änderungen in ihrer Kosten- und Ertragsentwicklung abzuschätzen und sie dem sonst anzuwendenden organisatorischen System gegenüberzustellen. Allgemeine Angaben können hierfür genauso wenig gemacht werden, wie dies bei der Bewertung von elektronischen Datenverarbeitungssystemen der Fall ist. Die grundlegende Problematik ist in beiden Fällen gleich. Es bestehen für eine Wirtschaftlichkeitsanalyse zwei Schwierigkeiten, einmal kann der Nutzen bzw. Ertrag von neuen Informationen nur schwer abgeschätzt werden und zum andern sind die Verfahrensvergleiche, die allein brauchbare Ergebnisse liefern können, durch die unsicheren Zukunftserwartungen recht fragwürdig. Trotzdem muß versucht werden, einen Rahmen für die Entscheidung der Einführung eines integrierten Systems zu finden, der die zu erwartende Wirtschaftlichkeit berücksichtigt. Dabei können besonders die bisherigen Arbeiten über die Wirtschaftlichkeit der elektronischen Datenverarbeitung in Analogie betrachtet werden.

Gamer beschreibt den Entscheidungsprozeß in einem deutschen Großunternehmen im Jahre 1955: „Als wir damals im Vorstand die Entscheidung gefällt haben, eine solche Großrechenanlage, die im Jahr 1,8 Millionen DM Miete kostet, zu bestellen, hätte keiner der für die verschiedenen Anwendungsgebiete verantwortlichen Herren es wagen können zu sagen, daß sich die Maschine für seinen Bereich rentiert ... Wir haben damals auch, aufbauend auf den amerikanischen Zahlen, eine Rentabilitätsrechnung durchgeführt, ob der Einsatz einer solchen Maschine sinnvoll ist. Jeder Anwendungsbereich war gegen sich selbst kritisch genug, um die ausschließliche Verwendung einer solchen Maschine für den eigenen Bereich als nicht ausreichend rentabel zu bezeichnen. Aber zusammengefaßt hatten wir doch die Überzeugung, daß in naher oder ferner Zukunft eine solche Maschine richtig sein müßte" [122, S. 317]. Diese Ausführungen von Gamer über die Entscheidung zur Einführung einer elektronischen Datenverarbeitungsanlage im Jahre 1955 zeigen, daß es sich um eine im hohen Maße intuitive Entscheidung handelte, die nicht durch errechnete Ergebnisse einer Wirtschaftlichkeitsanalyse zu begründen war. Demgegenüber werden heute, vor allem in großen Unternehmen, Entscheidungen über organisatorische Umstellungen besonders streng nach dem Rationalprinzip und nach quantitativen Analysen getroffen. „Der Entscheidungsprozeß über Investitionen für einen Computer wird sowohl vom wirtschaftlichen wie vom technischen Standpunkt aus sehr rational durchgeführt, zumindest wenn er mit anderen betrieblichen Entscheidungsprozessen verglichen wird. Diese Rationalität ist einmal das Ergebnis der hohen Investitionen in Datenverarbeitungsanlagen, dann der quantitativen Natur der mit Computern durchzuführenden Arbeiten und natürlich des quantitativen Denkens des mit Computern beschäftigten Personals" [17, S. 41].

Untersuchungen über die Wirtschaftlichkeit integrierter Systeme liegen bis heute nur vereinzelt vor. Um zu Erkenntnissen zu gelangen, muß ein Verfahrensvergleich zwischen der alten und neuen Arbeitsmethode durchgeführt werden. Dieser Verfahrensvergleich in der Form einer Investitionsrechnung [27, S. 68 ff.] ist zwar wie jede Analyse der zukünftigen Entwicklung unsicher, doch hat sie den besten erreichbaren Erkenntniswert. Es leuchtet ein, daß dabei Durchschnittswerte und Faustzahlen nichts nützen, denn die Ausgangsbasis und die zu erzielenden Ergebnisse sind in jedem Unternehmen unterschiedlich. Angegebene Erfahrungswerte fremder Unternehmen können daher nur als unverbindliche Richtwerte angesehen werden[38].

Die in die Investitionsrechnung einzusetzenden Werte müssen im Einzelfall ermittelt werden. Die wichtigsten Positionen hierbei werden im folgenden kurz besprochen. Wenn über die Kosten noch eher etwas ausgesagt werden kann, ist das Einsetzen von Erträgen in die Rechnung weitgehend Ermessenssache, da in integrierten Systemen nicht die Einsparung von Arbeitskräften im Vordergrund steht, sondern das Erstellen guter Führungsunterlagen, die Gewährleistung reibungsloser Betriebsabläufe und die Beschleunigung des Informationswesens. Die wesentlichen Kostenfaktoren sind:

1. Einführungskosten

Die Kosten von Systemanalyse, Systemplanung, Programmierung und Einführung des Systems können vor Beginn der Arbeiten nur geschätzt werden. In dieser Phase ist für die mathematische Entscheidungsforschung, die Programmierung und die Datenübernahme ein höherer Personalaufwand erforderlich als für den laufenden Betrieb.

[38] Schon die Angaben über Programmierkosten schwanken sehr stark. Mit noch größerer Vorsicht müssen daher allgemeine Angaben über die Kosten und Erträge der elektronischen Datenverarbeitung und der Entscheidungsforschung betrachtet werden. In einer Untersuchung aus der Schweiz wurden die Gesamtkosten der Datenverarbeitung durchschnittlich mit 2,00 bis 2,53 mal dem Mietpreis ermittelt [166, S. 685 sowie 27, S. 63].

Für die Entscheidungsforschung schwanken die angegebenen Erfolgsziffern zwischen 2 und 30% der Kosten eines Problemkreises [z. B. 105; 116].

Diese stark schwankenden Angaben zeigen bereits, daß nur eine individuelle Analyse brauchbare Zahlen geben kann.

2. Maschinen- und Materialkosten

a) Miet- oder Kaufkosten der Datenverarbeitungsmaschinen und der Hilfsmaschinen.

b) Wartungskosten sind im Falle der Miete im Mietbetrag eingeschlossen. Bei Kauf sind sie dem Angebot zu entnehmen.

c) Einmalige Kosten.

d) Kosten für Magnetbänder oder Magnetplatten. Magnetbänder oder Magnetplatten weisen eine hohe Lebensdauer auf. Sie können wie die Maschine selbst amortisiert werden. Die benötigte Speicherkapazität läßt sich nur im Einzelfall bestimmen.

e) Kosten für Lochkarten und Farbbänder.

f) Energiekosten.

g) Eine Klimaanlage ist bei allen größeren Anlagen erforderlich.

h) Der doppelte Fußboden erleichtert das Verlegen von Leitungen und muß bei größeren Anlagen vorgesehen werden.

i) Bei großem Formularverbrauch muß eine Papiertrennmaschine angeschafft werden.

k) Papierkosten.

l) Ausstattung des Technikerraumes.

3. Raumkosten

Es kann mit folgendem Raumbedarf nur für die Bedürfnisse der elektronischen Datenverarbeitungsanlage gerechnet werden:

Computerraum	50—100 m^2	Magnetbandarchiv	10— 15 m^2
Technikerraum	10— 15 m^2	Lochraum	20— 30 m^2
Klimaanlage	8— 10 m^2	Raum für Formulare und Lochkarten.	
Hilfsmaschinen	15— 25 m^2		

Die Raumkosten schwanken beträchtlich, je nachdem, ob die Anlage in ein neues Gebäude gestellt wird oder ob größere Anpassungsarbeiten in schon bestehenden Räumen vorzunehmen sind.

4. Software-Kosten

Dort, wo der Computer-Lieferant die Software-Produkte getrennt von der Hardware verrechnet (unbundled) und dort, wo zugekaufte Software-Pakete von unabhängigen Software-Herstellern zum Einsatz kommen, sind deren Kosten zu berücksichtigen. Als Faustregel muß bei obigen Voraussetzungen mit Software-Kosten von 5 bis 10 % der Hardware-Kosten gerechnet werden. Dabei ist zu berücksichtigen, daß der vermehrte Einsatz von Software-Produkten verminderte Personalkosten bringt.

5. Personalkosten

Die Einführung eines integrierten Systems erfordert zusätzliches Personal, dessen Kosten in die Investitionsrechnung eingehen. Es werden nachstehend die benötigten Funktionen genannt. Zur Ermittlung der Kosten sind die Gehälter mit einem Faktor zu multiplizieren, der Sozialleistungen und Raumkosten für das Personal berücksichtigt. Es ist natürlich nicht möglich, genaue Zahlen für den Personalbedarf anzugeben; dieser kann nur im Einzelfall ermittelt werden.

a) Leiter der Abteilung „Integrierte Systeme"
b) Systemanalytiker und Systemplaner
c) Personal für mathematische Entscheidungsforschung
d) Leiter der elektronischen Datenverarbeitung
e) Programmierer
f) Operateure
g) Locherinnen.

Die Kosten können also zumindest in ihrer Größenordnung bestimmt werden, die Erträge sind schwieriger abzuschätzen:

1. Personaleinsparungen
Durch die Automation von betrieblichen Abläufen wird Personal von Schreib-, Rechnungs-, Einordnungs-, Such- und Kontrollarbeiten entlastet. Hierbei ist von besonderer Bedeutung, daß auch bei Anwachsen des Arbeitsvolumens durch Expansion der Unternehmung die Kosten des integrierten Systems über einen weiten Bereich konstant bleiben können, während bei manueller Bearbeitung ein höherer Personalaufwand erforderlich wäre. Es ist daher in die Rechnung nicht nur die sofort zu erwartende Personaleinsparung einzusetzen, sondern auch die in Zukunft zu erwartende.

2. Raum- und Mobilareinsparung ergeben sich aus der Reduzierung des Personals.

3. Einsparungen an Büromaschinen, wie Schreibmaschinen, Tischrechenmaschinen, Umdruckmaschinen, Buchungsautomaten und evtl. an konventionellen Lochkartenmaschinen.

4. Einsparung an immobilisiertem Kapital.
Durch die Einführung von integrierten Systemen können in den meisten Fällen wesentliche Reduktionen der Bestände (Rohmaterial, Zwischenfabrikate und Fertigprodukte, Außenstände) erreicht werden. In vielen Fällen haben mathematische Modelle diese Zielsetzung, aber auch der Einsatz von elektronischen Datenverarbeitungsanlagen allein kann bereits zu beachtlichen Ergebnissen führen.

5. Zinsgewinne durch automatische Zahlungsüberwachung und spätmöglichste Zahlung oder optimale Zahlung unter Berücksichtigung allfälliger Skonti und anderer Bedingungen.

6. Zinsgewinne durch rasche Rechnungsstellung und straffes Mahnsystem. Oft diszipliniert auch die Form (vorgestanzte Zahlkarten, etc.)

der automatisierten Verrechnung die Kunden und verbessert damit die Zahlungsmoral.

7. Schnellere, bessere und zuverlässigere Informationen für die Unternehmensführung sind das Hauptziel integrierter Systeme. Aber gerade dieser Faktor, die Verbesserung der Entscheidungsgrundlagen, kann nur schwer quantifiziert werden, denn die hierdurch erreichten Einsparungen oder Ertragsverbesserungen lassen sich kaum prognostisch beziffern, sie lassen sich bestenfalls nachträglich als Ursache besserer Betriebsergebnisse vermuten. Es ist die Aufgabe der Unternehmensführung, für die Investitionsanalyse hier einen angemessenen Wert abzuschätzen.

Die Investitionsanalyse wird heute zumindest in großen Unternehmen oft zeigen, daß die Einführung eines integrierten Systems sinnvoll wäre. Der kritische Punkt wird wie bereits ausgeführt, meist in der Personalbeschaffung liegen, denn Systemanalytiker und Systemplaner, Personal für die mathematische Entscheidungsforschung und auch Programmierer stehen heute nicht in genügender Anzahl zur Verfügung. Die meisten Beispiele für praktische Anwendungsmöglichkeiten beziehen sich daher heute noch auf die USA, wo bereits Ansatzpunkte für echte integrierte Systeme bestehen.

3.4 Überblick über einige Anwendungsbeispiele

3.41 Allgemeines

Integrierte Datenverarbeitungssysteme, die den angegebenen Zielen [S. 14 ff.] voll genügen, gibt es bis heute im wirtschaftlichen Bereich nicht. Dagegen wurden für militärische Zwecke bereits Systeme entwickelt, die über alle Eigenschaften eines Idealsystems verfügen. Das sind vor allem rein militärische, operationale Warnsysteme, wie z. B. SAGE, SACCS [155, S. 187 ff.; 19, S. 204 ff.]. Aber auch wirtschaftlich orientierte Systeme im militärischen Beschaffungswesen genügen den Anforderungen weitgehend [165, S. 4 f.].

Die Gründe für diesen Vorsprung des militärischen Bereichs in der Anwendung des Systemdenkens sind vielfach. An erster Stelle ist die Tatsache zu nennen, daß im militärischen Bereich die Zielsetzungen klar operational zu definieren sind. Das ist im wirtschaftlichen Bereich wesentlich schwieriger. Als nächsten Grund für den Vorsprung kann die absolute Priorität, den das Rationale, das als richtig Erkannte im militärischen Bereich hat, bezeichnet werden. Hier sind die psychologischen Widerstände bei entsprechender Führung wesentlich leichter zu überwinden, als in einem stets weniger straff geführten Unternehmen. Und schließlich muß auch die Wirtschaftlichkeit bzw. die Rentabilität, die in den Unternehmen im Gegensatz zum Verteidigungssystem Priorität besitzt, genannt werden. Bis zur Gegenwart sind die Instrumente integrierter Datenverarbeitungssysteme noch sehr kostspielig. Das darf im militärischen Bereich nicht ausschlaggebend sein, wenn dadurch die Sicherheit erhöht wird, begrenzt jedoch die Einsatzmöglichkeiten in den Unternehmen.

Die Konzeption des integrierten Systems beginnt sich jedoch auch im wirtschaftlichen, und insbesondere im industriellen Bereich durchzusetzen. Die größten Fortschritte haben dabei meist die Unternehmen gemacht, die sich stark mit militärischen Projekten beschäftigen[39]. Das dürfte in erster Linie finanzielle Gründe haben. Doch sind auch andere Unternehmen dabei, Informationssysteme als integrierte Datenverarbeitungssysteme zu entwickeln, wie in den folgenden Abschnitten gezeigt wird.

Die Literatur beschäftigt sich bisher meist mit den praktischen Problemen bei der Einführung von Teilsystemen, insbesondere im Beschaffungs- und Produktionsbereich. Daraus geht hervor, daß in allen Fällen Partialumstellungen durchgeführt wurden. Dies ist bei der Größe der berichtenden Firmen verständlich, da für Unternehmen dieser Größenordnung eine Gesamtumstellung nicht in Frage kommen kann.

Außerdem sind aber in der Literatur in jüngster Zeit theoretische Arbeiten erschienen, die sich mit Modellen des Unternehmens auseinandersetzen, die für verschiedene theoretische Aufgabenstellungen entwickelt wurden.

Boyd und Krasnow [100, S. 2 ff.] entwerfen ein dynamisches Modell, das die Eigenschaften des Informationssystems eines Unternehmens simulieren kann. Der Zweck ist dabei die Feststellung der Qualität des Informationssystems des untersuchten Unternehmens, wobei angenommen wird, daß Genauigkeit, Vollständigkeit und rechtzeitige Bereitstellung von Informationen in einem Zusammenhang mit dem Erfolg eines Unternehmens stehen. Das Modell umfaßt von der wechselnden Nachfragestruktur bis zur Beschaffung, Produktion, Vertrieb und Finanzierung die Funktionen des Unternehmens. Bei einer Weiterentwicklung dieser Methode wird es in Zukunft möglich sein, die Qualität eines Informationssystems analytisch festzustellen. Als Methode zur Bewertung eines Informationssystems steht das Systemmodell von Boyd und Krasnow gedanklich über allen anderen Systemen.

Weitere theoretische Modelle, die hier nur kurz gestreift werden können, wurden von der System Development Corporation (SDC) [53, S. 232 ff.], Bonini [94, S. 241 ff.] und Forrester [48] entwickelt.

SDC war wesentlich an dem militärischen System SAGE beteiligt. 1959 bereits wurde mit der Arbeit an einem wirtschaftlichen Modell begonnen. Das betrachtete Unternehmen produziert vier Modelle eines Standardartikels, die 90 % des Umsatzes ausmachen; 10 % des Umsatzes entfallen

[39] Z. B. General Electric, Lockheed Aircraft, Martin Marietta Corporation, Hughes Aircraft, IBM, Westinghouse.

auf Einzelfertigung. 1600 Beschäftigte hat die simulierte Gesellschaft. Die Zielsetzung des Modells ist die Erforschung optimaler Entscheidungsregeln.

Boninis Modell unterscheidet sich besonders durch die zugrunde liegende Organisationstheorie von dem SDC-Modell. Während die SDC die klassische Organisationstheorie mit der Systemtheorie verbunden hat, baut Bonini auf der soziologischen Betrachtungsweise der Behavioristen auf. Er hat Entscheidungsträger, die von einem Informationszentrum bedient werden, die nach programmierten Entscheidungsregeln handeln, welche durch Entscheidungsparameter modifiziert werden. Das Unternehmen als Informations- und Entscheidungssystem ist beschrieben durch die genauen Spezifikationen

— wer welche Informationen bekommt,
— wo die Informationen gesammelt werden,
— wie die Informationen aufbereitet werden,
— wann und wie sie übermittelt werden,

sowie dem vollständigen Satz von Entscheidungsregeln mit den Entscheidungsparametern. Eingebaut in das Boninimodell sind behavioristische Grundregeln, wie Spannungen in der Organisation und Leerlauf.

Forrester stellt in seinem Buch „Industrial Dynamics" sein Simulationsmodell vor. Ein typisches „Industrial-Dynamics-Modell" ist ein mathematisches Modell zur Analyse der dynamischen Veränderungen eines gesamten industriellen Systems. Es besitzt geschlossene Informationsregelkreise und umfaßt Entscheidungsfunktionen. Forrester entwickelte fünf Untersysteme — Materialfluß, Auftragsfluß, Liquiditätsfluß, Arbeitskräfteeinsatz, sowie Kapitalgütereinsatz und -verwendung —, die alle untereinander durch Informations- und Entscheidungsnetzwerke verbunden sind. Um ein gesamtes System ausreichend zu beschreiben, müssen Tausende von Variablen berücksichtigt werden. Einfache Differenzgleichungen beschreiben das System. Die Komplexität des Modells ergibt sich also lediglich aus seiner Größe. Forrester entwickelte zur Programmierung von „Industrial-Dynamics-Modellen" eine spezielle Programmsprache „DYNAMO". Das Ziel der Industrial Dynamics ist die ständige Simulation des betrieblichen Geschehens, um so dem Management die wichtigsten Informationen zu geben und die Interdependenzen ständig aufzuzeigen. Dabei soll das System verbessert, nicht unbedingt optimiert werden. Die Vorgehensweise des „Industrial Dynamics" ist sehr interessant und gibt wertvolle Aufschlüsse über den betrieblichen Ablauf. Insbesondere bringt es den Faktor Zeit in die Betrachtung und zeigt damit das dynamische Verhalten der Unternehmensgrößen. Doch werden für eine echte Durchführung und ständige Simulation soviel Informationen vorausgesetzt, daß eine praktische Durchführung sehr aufwendig ist.

Unternehmensspiele stellen ebenfalls Modelle der Unternehmung dar. Sie dienen in erster Linie der Ausbildung, werden jedoch auch in einigen Fällen durch eine Anpassung der Parameter als Simulationsmodelle für Entscheidungen benutzt. Dabei ist jedoch zu beachten, daß diese Modelle erst in zweiter Linie Unternehmensmodelle innerhalb der übergeordneten Marktmodelle sind.

Die vorgestellten theoretischen Modelle umfassen in ihrer Konzeption das gesamte Unternehmen und legen auf die Betrachtung der Untersysteme kein besonderes Gewicht. Demgegenüber stehen in der praktischen Organisation die einzeln aufzubauenden Untersysteme im Vordergrund. Das Gesamtsystem, das im Rahmenplan festgehalten ist, dient in erster Linie der Koordination beim Aufbau der Untersysteme. In den meisten Fällen wird beim Aufbau integrierter Datenverarbeitungssysteme mit dem Beschaffungs- oder Produktionsbereich begonnen, für den bereits einige praktische Beispiele durchgeführt wurden, über die im folgenden Kapitel ein Überblick gegeben werden soll.

3.42 Beschaffungs- und Produktionssysteme

Die bis heute vorhandenen Beschaffungs- und Produktionssysteme lassen sich in drei Gruppen einteilen:

1. Firmenbezogene Planungs- und Kontrollsysteme
2. Prozeßsteuerungssysteme
3. Formalsysteme, die von Herstellern für Datenverarbeitungsanlagen entwickelt wurden.

Zu 1.: Lockheed [117] hat zwei Datenverarbeitungssysteme in Sunnyvale und Burbank installiert, die zwei weitere Fabriken in Palmdale und Van Nuys (Kalifornien) bedienen. Alle vier Werke sind über Datenübertragung verbunden. Informationen werden direkt von den Werkhallen über Direkteingabegeräte an die zentralen Datenverarbeitungssysteme gegeben. Sie werden über codierte Arbeiterkarten, Lochkarten oder Auftragsbelege eingelesen. Die Arbeiter können Informationen über Materialpositionen, Werksaufträge, Prioritäten, Kontrollergebnisse, Vorgabezeiten usw. direkt erhalten. Dadurch ist es möglich, eine straffe Produktionsplanung nach Arbeitsplätzen durchzuführen und Änderungen kurzfristig in optimaler Form zu berücksichtigen. Lockheed als Rüstungsunternehmen ist natürlich ganz besonders auf einen schnellen Regelkreis Planung-Durchführung-Kontrolle angewiesen. Für die Planung des Systems, das in das Gesamtkonzept eines integrierten Systems eingebettet ist, waren jedoch insbesondere Wirtschaftlichkeitsgründe maßgebend. Lockheed erwartet Ersparnisse von über 8 Millionen DM pro Jahr durch dieses System, die insbesondere durch schnellere Informationen sowie die Ausschaltung von Doppelarbeiten erzielt werden[40].

Als weiteres Beispiel wird in [185] und [191] die Organisation des Fertigungsbereiches der IBM beschrieben. In diesem System werden Bestands- und Bestellrechnung, Fertigungsplanung und -steuerung mit Maschinenbelegung und Terminüberwachung durchgeführt. Dabei beziehen alle Programme ihre Daten von einer einmalig neu eingegebenen Ausgangssituation. Unter Herausziehung der Stammdaten werden die Änderungen nach festgelegten Modellen, in denen auch Optimierungsverfahren enthalten sind, und vorgegebenen Entscheidungsregeln bearbeitet. Die Ergebnisdaten werden an nachfolgende Programme weitergegeben. In diesem System sind wesentliche Grundsätze integrierter Systeme verwirklicht.

Eine neuere Entwicklung findet man im Nestlé-Konzern unter dem Namen „Operationelle Planung". Dieses Planungsmodell kann als Teil eines integrierten betrieblichen Informations-Systems betrachtet werden. Es läßt sich durch Veränderung der Parameter für verschiedene Betrachtungszeiträume einsetzen und eignet sich somit für die kurz-, mittel- und langfristige Planung. Es integriert die Funktionen der Bedarfsrechnung, Kapazitätsplanung und Kostenrechnung und dient der Erstellung von Budgets und Produktionsplänen sowie der Leistungs-, Kosten- und Budgetkontrolle und der langfristigen Investitionsrechnung. Durch Änderung der Fabrikations- und Produktedaten lassen sich Alternativen durchspielen und durch wiederholtes Durchrechnen kann man sich an ein Optimum herantasten. Es zeigt die Auswirkungen von Änderung der Eingabedaten, also etwa der Absatzschätzung, der Kosten für Rohmaterialien oder der Lohnkosten, auf Kapazitätsbelegung, Produktionskosten, Verlust und Gewinn, etc. auf. Die Geschäftsleitung verfügt somit im Zeitpunkt der Entscheidung über Dokumente, die erlauben, die Auswirkungen der geplanten Maßnahmen im voraus quantitativ zu erfassen und deren Auswirkungen auf das betriebliche Ergebnis zu erkennen.

Zu 2.: Bei Prozeßsteuerungssystemen, die für Walzwerke (General Electric, AEG, Zuse), für Papierfabriken (IBM), Dampfkraftwerke (AEG) u. a. entwickelt wurden, handelt es sich um funktional begrenzte Systeme. Datenerfassung beim Produktionsprozeß und Steuerdatenvorgabe nach Optimalitätskriterien sind die wesentlichsten Aufgaben. Dies geschieht in einem Regelkreis, bei dem die für die Fertigung maßgebenden Daten ständig überwacht werden. Als Nebenarbeiten werden Produktionsberichte und technische Berichte erstellt, bzw. Daten für die Weiterverarbeitung im integrierten Datenverarbeitungssystem bereitgestellt.

[40] Persönliche Informationen von N. J. Ream, Leiter der Systemplanung bei Lockheed.

Die AEG [135, S. 32] definiert z. B. die Aufgaben in einem Hüttenwerk:

„Datenerfassung und -verarbeitung in Stahl- und Walzwerken sowie ihren Hilfsbetrieben

Schnittlängenoptimierung zur restendlosen Zerteilung von Walzgut an Scheren und Sägen

Ablaufsteuerungen auf Grund vorgegebener Walzprogramme an Block- oder Brammenstraßen

Prozeßlenkung über ein mathematisches Prozeßmodell im LD-Stahlwerk oder Walzwerk

Datenaufbereitung für die Weiterverarbeitung im übergeordneten Betriebsrechnersystem."

Daraus ist ersichtlich, daß ein Prozeßrechnersystem ein Untersystem im Gesamtsystem Unternehmen darstellt, für dessen sinnvolle Eingliederung ein Rahmenplan erforderlich ist, der die Schnittstellen mit den anderen Untersystemen aufzeigt, wie das von Baginski vorbildlich dargestellt wurde. Als Untersystem entspricht ein Prozeßrechnersystem sehr weitgehend den Zielsetzungen integrierter Systeme, insbesondere da alle relevanten Informationen aus diesem System dem Informationswesen automatisch und ohne Zeitverzögerung zur Verfügung stehen.

Zu 3.: Die Hersteller von elektronischen Datenverarbeitungsanlagen bemühen sich seit einigen Jahren ihren Kunden bzw. Interessenten Standardorganisationen anzubieten. Für diese Organisationsmodelle stehen dann wiederum fertige Programme in Baukastenform zur Verfügung, die über Parameter verändert werden können. Statt fertiger Programme sind es häufig auch Blockdiagramme, die lediglich einen organisatorischen Rahmen abgeben. Für eine Unternehmung werden dann die entsprechenden Änderungen vorgenommen, bevor die Programme erstellt werden.

Eines der bekanntesten Formalmodelle ist das „Production Information and Control-System" (PICS) der IBM [115]. Dieses System besteht im wesentlichsten aus 6 integrierten Untersystemen: Lagerdisposition, Bedarfsrechnung, Kapazitätsplanung, Werkstattsteuerung, Ablaufplanung und Einkauf. Die einzelnen Aufgabenbereiche stehen in gegenseitiger Beziehung und die Änderung gewisser Funktionen zieht automatisch die Änderung gewisser anderer Funktionen nach sich, womit *eine* der an integrierte Systeme gestellten Forderungen erfüllt ist.

Besonders deutlich kommt im PICS-System das Konzept der zentralen Datenbank zum Ausdruck wie es in 1.52 besprochen wurde. Abb. 16 zeigt die einzelnen Module des Systems und deren Verkettung. Durch einen Magnetplattenstapel symbolisiert steht links im Bild die zentrale Datenbank. Zu dieser Datenbank haben alle Module nach Bedarf Zugang.

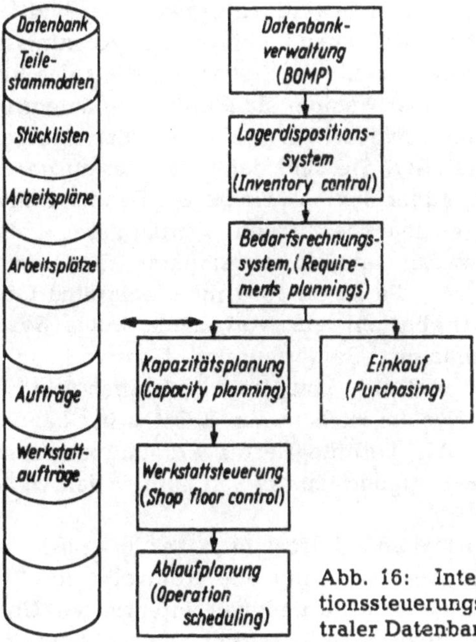

Abb. 16: Integriertes Produktionssteuerungs-System m. zentraler Datenbank.

Dieser Zugriff wird durch die Datenverwaltungsprogramme BOMP oder DBOMP ermöglicht, die einen zentralen Platz im PICS einnehmen.

An gewissen Stellen im Gesamtsystem werden auch Optimierungen vorgenommen. So enthält das System eine Lageranalyse, ein Vorhersagemodell, einen Algorhythmus zur Berechnung optimaler Losgrößen sowie Routinen zum Kapazitätsausgleich.

PICS erfüllt in weitem Maße die in diesem Buch an ein integriertes Datenarbeitungssystem gestellten Forderungen: Wechselseitige Verknüpfung der Arbeitsgebiete, zentrale Datenbank, Optimierungsmethoden. Der modulare Aufbau des Systems kommt zudem der Forderung nach gestaffelter Einführung und evolutiver Entwicklung des Systems entgegen.

Mit PICS versucht der Hersteller, einen möglichst großen Kreis von Benutzern abzudecken. Es besteht aus einer reichhaltigen Bibliothek von Programmodulen, aus denen sich der einzelne Anwender die geeigneten heraussucht und sie durch die Wahl entsprechender Parameter auf seine spezifischen Bedürfnisse zuschneidet. Dies erfordert ein umfassendes Studium der angebotenen Module und große Fachkenntnisse, um deren Auswahl und Generierung firmenbezogen durchzuführen. Es wird wohl ein reichhaltiges Angebot von Bauelementen geboten, die Auswahl der richtigen Elemente und das Zusammenfügen zu einem gelungenen Gesamtsystem obliegt aber den jeweiligen Anwendern und der Erfolg hängt weitgehend von dessen Können und fachlichen Kenntnissen ab.

Unabhängige Softwareanbieter haben meist als das Resultat von Kundenaufträgen mehr oder weniger standardisierte, integrierte Produktionssteuerungssysteme entwickelt. Diese sind meist weniger formal als die Systeme der Hersteller. Sie sind daher leichter zu generieren, aber andererseits auch weniger flexibel. Findet ein Benutzer ein solches System, das weitgehend seinen spezifischen Verhältnissen entspricht, so kann es ihm wesentlich Zeit und Kosten ersparen. Einer der Pioniere waren Parsons & Williams, die schon 1966 ihr „Integrated Operating System" vorstellten. Heute besteht ein voll ausgebautes System, das neben der Produktionsplanung, -Steuerung und -Überwachung auch die Kostenkontrolle umfaßt und sich „Integrated Manufacturing Planning" (IMP) nennt [168]. Das System ist heute an 8 Orten in Skandinavien und England in Betrieb. Als vollintegriertes Produktionssteuerungssystem für Einzel- und Serienfertigung läuft es seit einigen Jahren bei der finnischen Firma Valmet.

Ein älteres Formalmodell ist von Baker u. a. [90] beschrieben. Hier ist ebenfalls Planung, Steuerung und Kontrolle des Beschaffungs- und Produktionsbereichs in verschiedenen integrierten Untersystemen behandelt, doch sind in allen Teilbereichen Optimalitätskriterien verwendet worden. Dazu sind Modelle der mathematischen Entscheidungsforschung in das System eingebaut worden. Außerdem ist die Problematik der optimalen Abstimmung der Zielfunktionen — des wirtschaftlichen Gleichgewichts — ausführlich behandelt.

Für ein Untersystem Produktionsmittelzuteilung und Terminplanung hat General Electric das Formalmodell ASTRA entwickelt, das die Modelle der linearen Programmierung und der Netzwerktheorie (CPM) verbindet. Dieses Formalmodell ist begrenzt, genügt jedoch voll den Optimalitätsforderungen und ist für den angegebenen Bereich sehr flexibel einsetzbar.

Die Formalmodelle haben einen großen Einfluß auf die Entwicklung des Systemgedankens gehabt und tragen wesentlich zur Förderung des Systemdenkens in den Unternehmen bei, insbesondere da sich bei einer Anwendung dieser Formalmodelle die Einführungszeit für die Unternehmen wesentlich verkürzt.

3.43 Umfassende Systeme

Modelle, die das gesamte Unternehmen umfassen, sind bis heute kaum realisiert. In einigen Fällen bauen die realisierten Teilsysteme auf Rahmenkonzeptionen auf, die das gesamte Unternehmen mit in Betracht ziehen. In anderen Fällen bestehen zwar Planungen für ein umfassendes integriertes Datenverarbeitungssystem, die jedoch noch nicht über diese Planungsphase hinausgekommen sind. Im folgenden sollen zwei Fälle kurz skizziert werden, in denen mit sehr unterschiedlichen Mitteln die Zielsetzungen integrierter Systeme weitgehend erreicht wurden.

Ein kleines System, das nicht mit den modernsten Hilfsmitteln der Datenverarbeitung, wie z. B. Multiprogrammierung und Datenfernübertragung, arbeitet, bei dem jedoch nach Pintsch [189] organisatorisch sehr viel erreicht wurde, baute die Firma März auf. Ein umfassendes Betriebsmodell verändert die Daten des Modells entsprechend dem tatsächlichen Geschehen; darauf baut das Berichtswesen auf. Anhand der Gegebenheiten des Modells werden Entscheidungen gefällt und deren Durchführung veranlaßt; das ist die Planungsfunktion. Im Modell werden die Aufgabenbereiche Auftragsbearbeitung, Absatzprognose, Saisonplanung (im Textilbetrieb besonders wichtig), mittelfristige und kurzfristige Programmplanung, Fertigungsvorbereitung, Fertigungsablaufkontrolle, Ablaufplanung, Materialrechnung, Lohnabrechnung, Versandplanung, Fakturierung und Debitorenbuchhaltung sowie Statistik bearbeitet. Durch die Verwendung der mathematischen Entscheidungsforschung werden Optimierungen durchgeführt, wodurch die Wirtschaftlichkeit des Unternehmens beträchtlich gesteigert wurde.

Ein wesentlich größeres System wurde von Westinghouse aufgebaut [3, S. 69 ff.; 137, S. 14 ff.]. Die Westinghouse Electric Corporation rechnete die Roh-, Hilfsstoff- und Fertigwarenlager schon länger mit einer elektronischen Datenverarbeitungsanlage ab. Die Systemanalytiker des Unternehmens entwickelten nun ein mathematisches Modell, das unter Berücksichtigung des Absatzplanes bzw. des Auftragseingangs, der Fertigungskapazitäten, der Lagerbestände und der Materialbeschaffungsdauer die optimalen Losgrößen errechnete. Dadurch war es möglich, den Beschaffungs- und Produktionsbereich zum großen Teil zu automatisieren. Dieses Untersystem war von Anfang an mit der Abrechnung gekoppelt. In der Zwischenzeit wurde das System auf den größten Teil der Unternehmung ausgebaut und insbesondere auch das Finanzwesen mit einbezogen. So erhält der Controller des Unternehmens z. B. am achten Arbeitstag eines Monats von 69 Produktionsabteilungen die Voraussagen für den laufenden Monat über das Datenfernübertragungssystem in die Rechnerzentrale. Dort werden die Daten automatisch aufbereitet. Nach einer Stunde liegen detaillierte Unterlagen zur Diskussion vor. Die Rechnerzentrale führt außerdem eine laufende Finanzdisposition durch, in denen neben Forderungen und Verbindlichkeiten, die Kassenbestände und Salden der 230 Bankkonten geführt werden. Das führte zu einer wesentlichen Verbesserung und Beschleunigung von Entscheidungen über kurzfristige Anlagen.

Die Westinghouse Electric Corporation hat über die Einführung des integrierten Datenverarbeitungssystems eine Senkung der Lagerbestände von 36 Mill. Dollar auf 18 Mill. Dollar, die Schließung von 8 aus 35 Lagerhäusern und eine Senkung der Bearbeitungskosten je Auftrag von 12 Dollar auf 2 Dollar erreicht. Die Vorteile der sofortigen Informationsbereitstellung werden von der Unternehmensführung sehr hoch eingeschätzt. Die wichtigsten Auswirkungen der Einführung des neuen Systems entsprechen den in Kapitel 3.1 und 3.2 beschriebenen Folgen der Einführung integrierter Systeme. Insbesondere wird auf die Notwendigkeit einer langsamen Einführung und die Verschiebungen in der Unternehmenshierarchie, besonders im mittleren Führungsbereich, hingewiesen. Insgesamt wird die mittlere und untere Führungsebene kleiner. Z. B. gibt es bei Westinghouse keine regionalen Buchhaltungsleiter mehr, nachdem die regionalen Buchhaltungen von der Rechnerzentrale übernommen wurden. Das deutet auf den Trend zur Zentralisierung hin.

Ein Formalmodell MIAC [132], das von der Unternehmensberatung McKinsey entwickelt wurde, ist ebenfalls auf die Gesamtunternehmung abgestellt und hat im wesentlichen dieselben Zielsetzungen wie die integrierten Systeme. Es stellt das Skelett eines umfassenden Informationssystems dar, das durch die Gegebenheiten in einem Unternehmen mit Fleisch und Blut versehen werden muß.

Die besten Ausgangspositionen für umfassende Systeme haben die Verwaltungen. Im Unterschied zur Industrie sind ihre Tätigkeitsbereiche beschränkt und klar abgegrenzt. Integrierte Verwaltungssysteme beschränken sich im allgemeinen auf den Informationsaspekt und haben selten Optimalisierungsaufgaben zu erfüllen. Wiederum spielt dabei das Konzept der zentralen Datenbank und der leistungsfähigen Datenbank-Software eine wesentliche Rolle, handle es sich um Einwohner-Kontroll-Systeme, Motorfahrzeug-Kontroll-Systeme oder Steuer-Prüfungs-Systeme.

Abschließend sei noch auf den 1971 verfaßten Bericht einer Studiengruppe für Management-Informationssysteme in den USA [135] hingewiesen. Dieser bestätigt die in diesem Buch aufgeführten Vorgehensweisen zur Entwicklung umfassender Systeme. Die befragten Firmen rechnen durchwegs mit einer langsamen aber stetigen Entwicklung eines integrierten Systems. Man erwartet von vornherein, daß während des praktischen Einsatzes noch entscheidende Verbesserungen erfolgen. Auch anerkennt man, daß der Informationsbedarf nicht konstant bleibt, sondern je nach Entscheidungssituation wechselt. Hinzu kommt der schnelle Wechsel im Management. Man versucht daher mit einer Grundausstattung von Verfahren einen großen Teil der Informationswünsche zu befriedigen. „Die typischen MIS-Verfahren sind so flexibel gestaltet, daß sie auf viele

Probleme anwendbar sind und ohne zusätzliche Programmierung schnell neuen Situationen angepaßt werden können."

4. Schlußbemerkung

Die Konzeption des integrierten Systems ist von wachsender praktischer Bedeutung. Die Einführung von integrierten Systemen für das Gesamtunternehmen ist eine schwierige, zeitraubende organisatorische Aufgabe. Bei Lockheed waren von dem Entschluß, ein zentrales Rechenzentrum für die Produktionssteuerung und -kontrolle einzusetzen, bis zu der Realisierung fünf Jahre vergangen. Weitere fünf Jahre wurden zur Realisierung eines allumfassenden Systems der Unternehmenssteuerung benötigt.

Aus diesen Angaben ist zu ersehen, daß wer in 5 Jahren ein integriertes System benutzen will, heute bereits mit den Vorbereitungen begonnen haben muß. Sicher wird sich die Entwicklung auf Grund der gemachten Erfahrungen beschleunigen, doch muß bei der Einführung von integrierten Systemen stufenweise vorgegangen werden. Der Stand der Organisationstheorie und die psychologische Bereitschaft des Personals erlaubt keine revolutionären Änderungen.

Starke Impulse wird die Konzeption integrierter Datenverarbeitungssysteme durch den von der Kybernetik immer stärker in die Organisationslehre eindringenden Systemgedanken erhalten. Die elektronische Datenverarbeitung hat heute einen Entwicklungsstand erreicht, der von der Technik her die Realisierung der Zielsetzungen integrierter Systeme erlaubt. Die mathematische Entscheidungsforschung wird in den nächsten Jahren sicherlich eine wichtige Stellung in der Betriebswirtschaftslehre einnehmen. Ihre Anwendung und damit der Aufbau integrierter Systeme ist jedoch vorläufig ein Personalproblem. Lediglich die Netzwerktheorie und die lineare Programmierung sind heute bereits so ausgereift, daß sie der Praxis ein wertvolles Instrument sein können.

Die Entwicklung integrierter Systeme mit diesen Hilfsmitteln erfordert eine große schöpferische Entwurfskraft und mehr als nur mechanische Fähigkeiten. Weil alles voneinander abhängig ist, muß die Leitung den entscheidenden Beitrag bei der Schaffung integrierter Systeme leisten. Diese Aufgabe ist heute eine Herausforderung an die Unternehmensführung, die sie annehmen *muß*, da es um die Wirtschaftlichkeit und damit die Wettbewerbsfähigkeit der Unternehmen geht.

In noch größerem Maße gilt diese Herausforderung für die Betriebswirtschaftslehre. Die betriebswirtschaftliche Forschung und Lehre muß aus der Entwicklung der Kybernetik, der elektronischen Datenverarbeitung und der mathematischen Entscheidungsforschung die Konsequenzen vor allem für die Organisationstheorie, aber auch für die übrigen Gebiete der Betriebswirtschaftslehre ziehen. Die Konzeption des integrierten Systems, die in dieser Arbeit entwickelt wurde, soll dazu einen Beitrag liefern.

Literaturverzeichnis

Bücher:

[1] *Adam, A.:* Messen und Regeln in der Betriebswirtschaft. Würzburg 1959.
[2] *Agthe, K. u. E. Schnaufer,* (Hrsg.): Unternehmensplanung. Baden-Baden 1963.
[3] *AMA*-Management Report 56: Shaping a New Concept of Administrative Management. New York 1961.
[4] *AMA:* Profitable Applications of CPM, Form 6181-02. New York 1963.
[5] *Angermann, A.:* Betriebsführung und Operations Research. Frankfurt 1963.
[6] —: Entscheidungsmodelle. Frankfurt 1963.
[7] *Barnard, C. J.:* The Functions of the Executive. Cambridge, Mass. 1938.
[8] *Beer, S.:* Kybernetik und Management. Hamburg 1962.
[10] *Brandon, D. H.:* Management Standards for Data Processing. London, Toronto, New York 1963.
[11] *Bross, I. D. J.:* Design for Decision. New York 1963.
[12] *Bussmann, K. F.:* Betreuung und Prüfung der Unternehmungen. Wiesbaden 1964.
[13] *Chapin, N.:* Einführung in die elektronische Datenverarbeitung. München, Wien 1962.
[14] *Charnes, A. a. W. W. Cooper:* Management Models and Industrial Applications of Linear Programming. 2 Vols. New York 1961.
[15] *Cherry, C.:* Kommunikationsforschung — eine neue Wissenschaft. Hamburg 1963.
[16] *Churchman, C. W., R. L. Ackoff u. E. L. Arnoff:* Operations Research. Wien, München 1961.
[17] *Dale, E.* Planning and Developping the Company Organisation Structure. New York 1952.
[18] *Deutsches Institut für Betriebswirtschaft* (Hrsg.): Optimale Planung und Führungsinformation. Mellingen-Baden 1965.
[19] *Desmonde, W. H.:* Computers and their Uses. Englewood Cliffs 1964.
[20] *Dewey, J.:* How we Think. New York 1910.
[21] *Diemer, A.:* Das Wesen der automatisierten elektronischen Datenverarbeitung und ihre Bedeutung für die Unternehmensleitung. Berlin 1962.
[22] *Drucker, P.:* Die Praxis des Management. Düsseldorf 1956.
[23] *Eckmann, P.:* Systems: Research and Design. New York 1961.
[24] *Forrester, J. W.:* Industrial Dynamics. New York, London 1961.
[25] *Gutenberg, E.:* Unternehmensführung. Wiesbaden 1962.
[26] *Hartmann, B.:* Angewandte Betriebsanalyse. Freiburg 1959.
[27] —: Betriebswirtschaftliche Grundlage der automatisierten Datenverarbeitung. Freiburg 1961.
[28] *Hattery, L. H. and H. Mc Cormick:* Information Retrieval Management. Washington 1962.
[29] *Heineken, W.:* Exakte Methoden der Unternehmensführung. Karlsruhe 1963.
[30] *Heinrich, L. J.:* Computer Bewertungsverfahren. Zürich 1972.
[31] *Henn, R.:* Operations Research-Verfahren, Bd. I. Meisenheim 1963.

[32] *Hoffmann, F.:* Die Einsatzplanung elektronischer Rechenanlagen in der Industrie. München 1961.
[33] *Hoffmeister, J.:* Wörterbuch der philosophischen Begriffe. Hamburg 1955.
[34] *Howard, R. A.:* Dynamic Programming and Markov Processes. New York 1960.
[35] *Johnson, R. A., F. A. Kast* u. *J. A. Rosenzweig:* Theory and Management of Systems. New York, San Francisco, Toronto, London 1963.
[36] *Joksch, H. C.:* Lineares Programmieren. Tübingen 1962.
[37] *Kaufmann, A.:* Methods and Models of Operations Research. Englewood Cliffs 1963.
[38] *Kaufmann, F.:* Electronic Data Processing and Auditing. New York 1961.
[39] *Knight, F. H.:* Risk, Uncertainty and Profit. Boston, New York 1921.
[40] *König, D.:* Theorie der endlichen und unendlichen Graphen. Leipzig 1936.
[41] *Kosiol, E.:* Grundlagen und Methoden der Organisations-Forschung. Berlin 1959.
[42] —: Organisation der Unternehmung. Wiesbaden 1962.
[43] *Kreis, P.:* COBOL. München, Wien 1964.
[44] *Krelle, W.:* Preistheorie. Tübingen 1961.
[45] *Krelle, W. u. H. P. Künzi:* Lineare Programmierung. Zürich 1958.
[46] *Kulhavy, E.:* Operations Research. Wiesbaden 1963.
[47] *Künzi, H. P. u. W. Krelle:* Nichtlineare Programmierung. Berlin, Göttingen, Heidelberg 1962.
[48] *Laden, H. N. a. T. R. Gildersleeve:* Systems Design for Computer Applications. New York 1963.
[49] *Malcolm, D. G. a. A. J. Rowe* (Hrsg.): Management Control Systems. New York, London 1960.
[50] *Markowitz, H., B. Hausner a. H. Karr:* Simscript, a Simulation Programming Language. New York 1963.
[51] *March, J. G. a. H. A. Simon:* Organisations. New York, London 1958.
[52] *Mc Donough, A. M.:* Information Economics and Management Systems. New York 1963.
[53] *Mc Millan, C. a. R. F. Gonzalez:* Systems Analysis. Homewood 1965.
[54] *Meacham, A. D. a. B. van Thompson:* Total Systems. Detroit 1962.
[55] *Mellerowicz, K.:* Allgemeine Betriebswirtschaftslehre, Bd. I—IV, 10. Auflage. Berlin 1959.
[56] —: Planung und Plankostenrechnung, Bd. I und II. Freiburg 1961.
[57] —: Unternehmenspolitik, Bd. I und II. Freiburg 1963.
[58] *Morgenstern, O.:* On the Accuracy of Economic Observations, 2. Aufl. Princeton 1963.
[59] —: Spieltheorie und Wirtschaftswissenschaft. Wien, München 1963.
[60] *Neumann, J. v. a. O. Morgenstern:* Theory of Games and Economic Behaviour. Princeton 1944.
[61] —: Spieltheorie und wirtschaftliches Verhalten. Würzburg 1961.
[62] *Neuschel, R. F.:* Management by Systems. 2. Aufl. New York, Toronto, London 1960.
[63] *Newell, A. (Hrsg.):* Information Processing Language-V Manual. Englewood Cliffs 1961.
[64] *Nordsieck, F.:* Die schaubildliche Erfassung und Untersuchung der Betriebsorganisation, 5. Aufl. Stuttgart 1956.
[65] o. V.: PERT Fundamentals, Volume 1 and 2, Washington D. C.
[66] *o. V.:* PERT Phase 1 and 2, Summary Report. Washington D. C. 1958.
[67] *Polya, G.:* Mathematik und plausibles Schließen, Bd. I und II. Basel, Stuttgart 1962/63.

[68] *Putnam, A. O., E. R. Barlow a. G. N. Stilian:* Unified Operations Management. New York 1963.
[69] *Sandig, C.:* Die Führung des Betriebes. Stuttgart 1953.
[70] *Schmalenbach, E.:* Pretiale Wirtschaftslenkung, Bd. I. Bremen 1947.
[71] *Schmidt, H.:* Philosophisches Wörterbuch, 11. Aufl. Stuttgart 1951.
[72] *Schnaufer, E., K. Agthe* (Hrsg.): Organisation. Berlin, Baden-Baden 1961.
[73] *Shultz, G. T. and T. L. Whisler* (Hrsg.): Management Organization and the Computer. Chicago 1959.
[74] *Simon, H. A.:* Administrative Behaviour. New York 1947.
[75] —: Models of Man. New York 1957.
[76] —: The New Science of Management Decision. New York 1960.
[77] *Sprague, R. E.:* Electronic Business Systems. New York 1962.
[78] *Stahlmann, J.:* Organisation, Entscheidung, Kommunikation. Diss. Göttingen 1960.
[79] *Vajda, S.:* Einführung in die Linearplanung und die Theorie der Spiele. München, Wien 1961.
[80] *Weber, J. R.:* Formelle Prüfung bei elektronischer Datenverarbeitung. Diss. Frankfurt 1963.
[81] *Wiener, N.:* The Human Use of Human Beings. Boston 1950.
[82] —: Kybernetik. Düsseldorf, Wien 1963.
[83] *Zimmermann, H.-J.:* Mathematische Entscheidungsforschung. Berlin 1963.

Aufsätze, Vorträge, Beiträge in Sammelwerken, Firmenveröffentlichungen:

[84] *Acker, H. B.:* Die Untersuchung der Organisation. In: [72, S. 405 ff.].
[85] —: Organisationsstruktur. In: [72, S. 110 ff.].
[86] —: Planung der Organisation. In: [2, S. 435 ff.].
[87] *AEG Institut für Automation* (Hrsg.): Prozeßführung mit Digitalrechnern, div. Vorträge. Berlin 1965.
[88] *Affel, H. A.:* A New Method for Controlling Corporate Information Systems. In: International Management, 3/1966, S. 87—91.
[89] *Albach, H.:* Entscheidungsprozeß und Informationsfluß, in [72].
[90] *Baker, C. T., A. B. Calica, P. G. Loewner, B. P. Dzielinski, S. Gorenstein a. S. Shapiro:* Fabrication and Assembly Operations. Div. Artikel in: IBM Systems Journal, 2/1965, S. 86—135 und 3/1965, S. 225—255.
[91] *Bartölke, K.:* Betriebliche Organisation als System von Beziehungen. In: Industrielle Organisation, 12/1965, S. 477—482.
[92] *Baur, W.:* Die Wirtschaftlichkeit der Produktion als eine der Zielvorstellungen der Unternehmensführung, Veröffentlichung der Bull General Electric GmbH. — Nachdruck eines Vortrages vom 19. Deutschen Betriebswirtschafter-Tag. Berlin 1965.
[93] *Bement, K. T.:* Toward Complete Management Information Systems. In: Systems and Procedures Journal, Sept./Oct. 1963.
[94] *Berger, K. H.:* Organisationspläne und Dienstanweisungen. In: [72, S. 531 ff.].
[95] *Bleicher, K.:* Organisation der Unternehmensplanung. In: [2, S. 121 ff.].
[96] —: Zentralisation und Dezentralisation des Entscheidungsprozesses. In: Organisation und Rechnungswesen — Festschrift für Erich Kosiol. Hrsg. von E. Grochla. Berlin 1964.
[97] *Blohm, H. u. L. J. Heinrich:* Wie steht es mit den psychologischen Widerständen bei der Einführung der Unternehmensplanung in der Praxis. In: Rationalisierung, Juni 1964, S. 129 ff.

[98] *Bösenberg, W. A.:* Unternehmensführung und elektronische Datenverarbeitung, in: ADL-Nachrichten, 39/1965, S. 725—727.

[99] *Borchardt, R.:* The Catalyst in Total Systems. In: Systems and Procedures Journal, May—June 1963, S. 20 ff.

[100] *Boyd, D. F. a. H. S. Krasnow:* Economic Evaluation of Management Information Systems. In: IBM Systems Journal, March 1963, S. 2—23.

[101] *BULL Informations Scientifiques:* Les Méthodes de Simulation, Paris o. J.

[102] *BULL Informationen Sonderheft 5:* Methodik der Einführung einer Datenverarbeitungsanlage, Zürich o. J.

[103] *Burlingame, J. F.:* Information Technology and Decentralisation, in: Harvard Business Review, Nov./Dec. 1961, S. 124.

[104] *Canning, R. G.:* Trends in Data Management. In: EDP-Analyzer, 5/6, 1971.

[105] *Carlin, F. C.:* The Use of Large Scale Computers for Manufacturing Control. In: Management Science, 1958, S. 177.

[106] *Clarkson, G. P. a. A. H. Meltzer:* Portfolio Selection: A Heuristic Approach. In: Journal of Finance, Bd. 15, Nr. 4, 1960.

[107] *CEGOS*-Informatique: MINOS, une méthode pour améliorer la rentabilité des études informatiques, 2, 1971.

[108] *Dale, E.:* Die funktionale Betrachtung des Management. In: Zeitschrift für Betriebswirtschaft, 2/1964, S. 76 ff.

[109] —: The Decision-Making Process in the Commercial Use of High-Speed Computers, Forschungsstudie an der Cornell University 1964.

[110] *Danert, G.:* Planung der optimalen Unternehmensorganisation. In [72, S. 487 ff.].

[111] *Daniel, D. R.:* Management Information Crisis. In: Havard Business Review, Sept./Oct. 1961, S. 111.

[112] *Dantzig, G. B.:* Maximization of a Linear Function of Variables Subject to Linear Inequalities. In [41, S. 338 ff.].

[113] *Dickey, E. R. a. N. L. Senensieb:* A Total Approach to Systems and Data Processing. In [54].

[114] *Dickie, H. F.:* Integrated Systems Planning at G. E., in [49].

[115] *Dinner, G.:* Integrierte Produktionsplanung und -steuerung. In: Industrielle Organisation 40, 1971.

[116] *Dorfman, R.:* Operations Research. in: American Economic Review, 1960, S. 617 ff.

[117] *Edwards, J. D.:* Instant Information through ADA, interner Bericht vom 6. März 1964 der Lockheed Missiles and Space Company.

[118] *Evans, D.:* Solving the information maze. In Data Systems 5/1971.

[119] *Evans, K. a. L. R. Hague:* Master Plan for Information Systems. In: Harvard Business Review, Jan./Febr. 1962.

[120] *Ewell, J. M.:* How to Organize for a Total System. In: Systems and Procedures, Nov./Dec. 1961.

[121] *Förstner, K.:* Nichtlineare Programmierung. In: Zeitschrift für betriebswirtschaftliche Forschung, Okt./Nov. 1964, S. 673 f.

[122] *Gamer, B.:* Planung und Einsatz elektronischer Datenverarbeitungsanlagen in einem chemischen Großunternehmen. In: Zeitschrift für handelswirtschaftliche Forschung, Nr. 7/1961, S. 317.

[123] *Garrity, J. T.:* Getting the Most out of your Computer. McKinsey & Company, Inc., New York o. J.

[124] *Geisler, M. A. a. W. A. Steger:* How to plan for Management in New Systems. In: Harvard Business Review, Sept./Oct. 1963, S. 103—110.

[125] *Gere, W. S.:* „Heuristics in Job Shop Scheduling". O. N. R. Memorandum Nr. 70, Graduate School of Industrial Administration, Carnegie Institute of Technology, Juni 1960.
[126] *Grochla, E.:* Zur Organisation des betrieblichen Planungsablaufs. In: Zeitschrift für Betriebswirtschaft, Dez. 1962, S. 703.
[127] —: Aktuelle Probleme der automatischen Datenverarbeitung in den USA, In: Der Betrieb, 29/30/1965, S. 1053—1057.
[128] *Gsell, P. J.:* Möglichkeiten der konventionellen Dataerfassung. In: BTA 1/1967.
[129] —: Software Beschaffung. In: Bürotechnik (BTA/BTO) 12/1971.
[130] *Hartmann, B.:* Die Weiterentwicklung der Betriebswirtschaftslehre. In: Zeitschrift für Betriebswirtschaft, 2/1963, S. 65 ff.
[131] *Hasenack, W.:* Mensch im Betrieb. In: Zeitschrift für Betriebswirtschaft, Okt. 1961, S. 590 ff.
[132] *Haskell, P. H.:* Nouvelle conception de l'information à l'usage des dirigeants d'entreprise. In: Synopsis, 69/1964.
[133] *Head, R. V.:* Real-Time-System Configurations, IBM Systems Research Institute, April 1963.
[134] *Heller, E. G.:* Relationship among Management, Computers, Mathematics and Research. Veröffentlichung einer Rede durch Navy Management Office, Washington D. C., April 1960.
[135] *Holzwarth, F.:* MIS in USA. In: Bürotechnik (BTA/BTO) 12/1971.
[136] *Hotz, D. B.:* Computer-based Management Information Systems for Heads of Business. In: European Business, 8/1966, S. 7—10.
[137] *Howard, R. L.:* Systems for Total Management. In: Data Processing for Management, August 1963, S. 14 ff.
[138] *IBM:* Installationsplanung mit PERT. Sindelfingen o. J.
[139] *IBM:* MOS-Management Operating System. Sindelfingen 1961.
[140] *IBM:* PERT — eine dynamische Methode zur Projektplanung und -überwachung, Form 71 338. Sindelfingen 1961.
[141] *Jasinski, F. J.:* Adapting Organization to New Technology. In: Harvard Business Review, Jan./Febr. 1959, S. 80.
[142] *Jochvin, G. L.:* Digital Computers tap out design for large motors ... In: Power, Nr. 4/1958.
[143] *Kalscheuer, H. D.:* Standardisierung der Informationen und der Informationsverarbeitung als Voraussetzung automatischer Datenverarbeitung. In: Datenträger, 8/1965, S. 50—52.
[144] —: Anforderungen an ein modernes wissenschaftliches Rechenzentrum. In: Bürotechnik und Automation, 2/1966, S. 80—85.
[145] *Kaufmann, A.:* La Programmation Dynamique. Dans: BULL Informations Scientifiques. Paris o. J.
[146] *Kettner, K. H.:* Der Integrationseffekt elektronischer Datenverarbeitung. In: Elektronische Datenverarbeitung, 1/1959, S. 14—19.
[147] *Kosiol, E.:* Modellanalyse als Grundlage unternehmerischer Entscheidungen. In: Zeitschrift für handelswissenschaftliche Forschung, 1963, S. 318 ff.
[148] —: Planung als Lenkungsinstrument der Unternehmung. In: Zeitschrift für Betriebswirtschaft, 7/1965, S. 389—401.
[149] *Künzi, H.:* Die Methoden der Unternehmensforschung. In: Elektronische Datenverarbeitung, 7/1960, S. 3.
[150] *Latusek, W.:* Planung der Fertigungsorganisation. In: [2, S. 287 ff.].
[151] *Leavitt, H. J. a. T. L. Whisler:* Management in the 1980's. In: Harvard Business Review, Nov./Dec. 1958, S. 41 ff.

[152] *Lichtenthal, M.:* Die Berücksichtigung kybernetischer Möglichkeiten bei der Systemplanung. In: Bürotechnik und Automation, 11/1964, S. 358 ff.

[153] *Littger, K.:* Grundlagen der dynamischen Programmierung, IBM-Form 80 529, Sindelfingen 1964.

[154] *Löffelholz, J.:* Der Terminus „Operations Research" und seine deutschen Übersetzungen. In: Zeitschrift für Betriebswirtschaft, 6/1962, S. 363 ff.

[155] *Malcolm, D. G.:* Exploring the Military Analogy Real-Time Management Control. In: [49, S. 187 ff.].

[156] *Martin, F.:* Die Unternehmensführung im Umbruch, von Orga-Ratio veröffentlichter Vortrag vom 27. 6. 1963 in Zürich.

[157] —: Elektronik als Instrument der Unternehmensführung. In: Frankfurter Allgemeine Zeitung, 23. Okt. 1963.

[158] *Martino, R. L.:* The Development and Installation of a Total Management System. In: Data Processing for Management, April 1963.

[159] *Metaxides, A.:* CODASYL Data Base Task Group. 1971.

[160] *Neumann, J. v.:* Zur Theorie der Gesellschaftsspiele. In: Mathematische Annalen, Bd. 100, 1928, S. 295—320.

[161] *Porter, E. H.:* The Parable of the Spindle. In: Harvard Business Review, May/June 1962, S. 58.

[162] *Newell, A., J. C. Shaw a. H. A. Simon:* The Process of Creative Thinking. The Rand Corporation, Paper P 1320, Aug. 1958.

[163] *Nürck, R.:* Wirtschaftskybernetik. In: Zeitschrift für Betriebswirtschaft, 9/1965, S. 573—592.

[164] *Office of the Secretary:* Data Processing in Navy Management Information Systems, SECNAVINST, P 10 462.7. Washington 1959.

[165] *o. V.:* System of Mathematical Models Aids MPSA. In: Navy Management Review, April 1961, S. 4 f.

[166] *o. V.:* Was kostet die elektronische Datenverarbeitung? In: Bürotechnik und Organisation, Nr. 8/1964, S. 685.

[167] *Parsons, J. A.:* Decision Trees. In: Systems and Procedures Journal 11/12, 1967.

[168] *Parsons, J. A. a. R. F. Williams:* IMP Manual 4. Copenhagen 1970.

[169] *Rathe, A. A.:* Management Controls in Business. In: [49, S. 32 ff.].

[170] *RCA:* Account Management Guide. Camden June 1963.

[171] *RCA:* RCA 301 — Linear Programming System, Radio Corporation of America. Camden 1963.

[172] *Ream, N. J.:* Management Looks at On-Line, Real-Time Management Information Systems. Manuskript der Ansprache vor der Operations Research Society of America. Cleveland 27./28. May 1963.

[173] *Richmond, H. J.:* Report Summary on the Electronic Data Processing Study and Program Installation of a Management Information Network at the Falk Corporation. Vervielfältigter Bericht der A. T. Kearny & Company, Chicago, vom 21. 1. 1963.

[174] *Rindermann, A. u. H. Kupper:* Die Behandlung praktischer Probleme durch Simulation mit dem GPSS, IBM-Form 80 544. Sindelfingen 1964.

[175] *Schmidt, E.:* Das Führungsinstrumentarium: Planung, Organisation, Kontrolle. In: Zeitschrift für Organisation, 3/1965, S. 81—86 und 4/1965, S. 130—136.

[176] *Selznick, P.:* Foundations of the Theory of Organization. In: American Sociological Review, Febr. 1948, S. 25 ff.

[177] *Siebert, W.:* Auswirkungen der integrierten Datenverarbeitung auf die Revision, interner Bericht vom Okt. 1964 im Hause Siemens.

[178] *Simon, H. A. a. A. Newell:* Heuristic Problem Solving: The Next Advance in Operations Research. In: Operations Research Bd. I, Nr. 1/1958, S. 7 ff.
[179] *Smiddy, H. F.:* Managerial Decision Making. In: Advanced Management, Nov. 1958, S. 10 f.
[180] *Stoller, D. S. a. R. L. von Horn:* Design of a Management Information System. The Rand Corporation. Santa Monica, California, P. 1362, Nov. 22, 1958.
[181] *Szyperski, N.:* Die technologische Herausforderung an die Betriebswirtschaftslehre der Gegenwart. In: Zeitschrift für Betriebswirtschaft, Mai 1963, S. 275 ff.
[182] *Tonge, F. M.:* Summary of a Heuristic Line Balancing Procedure. In: Management Science, Oct. 1960.
[183] —: The Use of Heuristic Programming in Management Science. In: Management Science, Bd. 7, Nr. 3, 1961, S. 213.
[184] *Univac Mitteilungen:* Planung mit PERT und CPM, Nr. 233 0231 65. Frankfurt 1964.
[185] *Vogt, B.:* Integrierte Datenverarbeitung, Anwendung zur Planung, Steuerung und Kontrolle einer variablen Serienfertigung. Diplomarbeit an der TU Berlin bei Prof. Dr. K. Mellerowicz, 1965.
[186] *Vogt, L. F.:* The International Shoe Company. In: [73].
[187] *Wegner, P.:* A Non-Linear Extension of the Simplex Method. In: Management Science, Bd. I, Nr. 1, 1961, S. 43—55.
[188] *Wiese, K. H.:* Mathematische Simulationsverfahren, IBM Fachbibliothek. Sindelfingen 1963.
[189] *Pintsch, R.:* Elektronisches Planungs- und Steuerungssystem in der Wolfgang März GmbH. In: IBM Nachrichten, Juni 1966, S. 188—199.
[190] *IBM* (Hrsg.): Die Fertigungssteuerung bei der IBM Deutschland, Sindelfingen, November 1965.

Bewertungs-Faktoren (Auszug) System:	Bewertung			Gewicht	Punkte		
	A	B	C		A	B	C
SYSTEM FUNKTIONEN							
Daten-Manipulationssprache umfaßt:							
— Beifügen (Store)							
— Einfügen (Insert)							
— Annullieren (Delete)							
— Modifizieren (Modify)							
Daten-Abfragesprache:							
— Für Nicht-Programmierer geeignet							
— Natürliche Sprache (Englisch, Deutsch)							
— Abfragen nach verkürzten Ausdrücken möglich							
— Abfragen nach Synonymen möglich							
— Selbst instruierende Abfragen (On-line)							
— Wieviele Abfragen lassen sich gleichzeitig bei Stapelverarbeitung bearbeiten							
— Syntax-Prüfung eingeschlossen							
Ausgabe-Instruktionen:							
— Erstellt Datenkatalog							
— Erstellt Standard-Listen wenn keine Angaben (Default)							
— Listendarstellung auf Vordrucken							
— Maximale Anzahl Titelzeilen							
— Maximale Anzahl Datensätze pro Druckzeile							
— Maximale Anzahl Druckzeilen pro Datensatz							
— Anzahl Totale, laufende Totale, Kontrollbrüche							
— Horizontale, vertikale Totale möglich							
Daten-Sicherung:							
— Abspeichern der Transaktionen							
— Wiederanlaufpunkte							
— Schutz vor unbefugtem Zugriff							
— Zugriffsstatistiken							
— Weiterverarbeitungskarteien							
SOFTWARE ANFORDERUNGEN							
Betriebssystem:							
— Grundsystem (OS/DOS etc.)							
— Erweiterungen erforderlich wie BTAM/QTAM/CTAM etc.)							
— Kernspeicherbelegung							
— Release Unabhängigkeit							
Dateien:							
— Anzahl							
— Verknüpfungsmöglichkeiten							
— Mögliche Datenstrukturen (Sequentiell, Baum, Netzwerk)							
— Satzstruktur (Fix, variabel, formatiert, nicht formatiert)							
— Zugriffsmethoden (Sequentiell, IS, direkt, über Listen etc.)							
— Anzahl indizierter Felder für Direktzugriff							
— Anzahl verketteter Felder							
Total							

Abb. 15: Auszug aus einer Check-Liste zur Bewertung von Datenbanksystemen

Kolibri 360 GmbH
Ferdinand-Jühlke-Straße 7
99095 Erfurt, Deutschland
produktsicherheit@kolibri360.de